イラストでよくわかる

江戸時代の本

ミニマル + BLOCKBUSTER

彩図社

はじめに

１６００年、「天下分け目の戦い」といわれる関ヶ原の戦いで、石田三成の軍勢を破った徳川家康。征夷大将軍に任命されると、その後約２６０年もの長きにわたる幕府を江戸に開きました。

それまで関東の一田舎に過ぎなかった江戸は、現在の東京にもわずかにその面影を残す城郭都市として大きく変貌を遂げていきます。そして、世界有数の「百万人都市」へ。

こうして日本各地から人が集結した将軍のお膝元・江戸城下には、娯楽や文化が花開きます。歌舞伎や相撲が大いに盛り上がり、今やお馴染みのお花見や握り寿司などが広まったのも江戸時代。一方で、信仰と結びついた旅行が庶民の間で一大ブームとなったり、季節の最初にとれる食材「初物」に人々が飛びついたり。身分制度が敷かれる中、武士や庶民に関わりなく、食や娯楽に熱中する人々の姿がありました。

江戸時代について調べていると、思いがけないところで現代と共通する価値観を発見することがあります。

例えば、江戸の町は諸外国の都市と比べても、非常にクリーンな環境を保っていました。
それは、鎖国政策により限られた資源の中、物を大切に繰り返し使う循環型の暮らしがあったから。現代に置き換えてみると、まさに今世界で叫ばれている「持続可能性」につながる考えではないでしょうか。

時代劇で描かれることも多く、誰もがイメージを思い描きやすい江戸時代。
しかし、武士は武士でも、下級武士や、一庶民が暮らした江戸の日常については、意外と知らないことが多いものです。

本書では、江戸の生活がより詳細にイメージできるよう、政治体制や社会制度に始まり、庶民の娯楽や食文化までを網羅して紹介しています。
約260年という長い時間の中で醸成された奥深い江戸文化の一端を、そして現代の我々にも通じる人々の想いや価値観を感じていただければ幸いです。

『イラストでよくわかる　江戸時代の本』制作班

イラストでよくわかる

江戸時代の本　もくじ

本文イラスト:後藤亮平 (BLOCKBUSTER)

【第1章】
江戸時代ってどんな時代？

徳川家康が開き、約２６０年にわたって太平の世が続いた「江戸時代」。時代劇の舞台になることも多い江戸の町ですが、当時はどのような事件が起こり、どのような人々が暮らしていたのでしょうか？

江戸時代ってどんな時代？①

江戸時代のキホン

約260年もの間続いた江戸時代。有名な歴史的事件や出来事は、何年に起きたのでしょうか。年表を参考に見ていきましょう。

年	将軍	政治／社会	文化
1590		徳川家康、江戸入城（1590）	
1600		家康が関ヶ原の戦いに勝利（1600）	
1603	家康	家康が江戸幕府を開く（1603） 街道が整備され、日本橋が起点になる（1604）	
1605	秀忠	キリスト教の禁止（1612） 武家諸法度、禁中並公家諸法度制定（1615）	吉原（元吉原）ができる（1617）
1623	家光	参勤交代の制度化（1635） 日本人の海外渡航・帰国が禁止される（1635）	

■幕政の確立と町の発展

1600年、関ヶ原の戦いに勝利した徳川家康はその3年後に征夷大将軍に就任し、江戸に幕府を開きます。以降は徳川家率いる幕府と諸藩による統治の時代で、幕府が置かれた江戸が政治の中心でした。初代・家康～第3代・家光《いえみつ》の時代までは幕府の確立期とされ、武家諸法度《ぶけしょはっと》による大名統制

1651
家綱
- 島原の乱（1637）
- 鎖国令（1639）
- 慶安の変（由井正雪の乱）（1651）
- 玉川上水完成（1654）
- 明暦の大火（1657）
- 江戸に三井越後屋が開店（1673）
- 初代市川團十郎が初めて荒事を演じる（1673）

1680
綱吉
- 生類憐みの令発布（1687）
- 松尾芭蕉、奥の細道の旅へ出る（1689）
- 赤穂浪士の仇討（1702）
- 富士山大噴火（宝永の大噴火）（1707）

1709
家宣
- 生類憐みの令廃止（1709）

1713
家継
- 江島生島事件（1714）

1716

や、封建体制強化のための鎖国令が推し進められました。そして家光以降、第8代・吉宗《よしむね》の時代までが幕政の安定期となります。

また、1635年に参勤交代が制度化されたことで、日本各地から大名やその家臣らが江戸に集結し、町は大きく発展しました。さらに、市中の6割を焼失させた1657年の明暦《めいれき》の大火後、江戸の町は大改造され、18世紀には100万人が生活する世界的な大都市へと成長します。

年	将軍	政治／社会	文化
1716	吉宗	享保の改革始まる（1716） 目安箱の設置（1721） 享保の飢饉（1732） 享保の打ちこわし（1733）	
1745	家重		
1760	家治	田沼意次が老中となる（1772～86） 天明の飢饉（1782～87）	杉田玄白『解体新書』出版（1774）
1787	家斉	天明の打ちこわし（1787） 寛政の改革が実施される（1787～93） 伊能忠敬が全国測量を開始（1800） 天保の飢饉（1833～36）	男女混浴禁止令（1791） 十返舎一九『東海道中膝栗毛』（1802） 滝沢馬琴『南総里見八犬伝』（1814） 葛飾北斎『富嶽三十六景』（1831）

興隆を極めた江戸文化

京都や大阪をはじめとする上方《かみがた》優位だった経済や文化も徐々にその中心を江戸に移し、文化《ぶんか》・文政《ぶんせい》年間（1804～1830）には江戸の町人文化が全盛を極めます。浮世絵ではカラー印刷の元祖といえる錦絵《にしきえ》が主流となり、黄表紙《きびょうし》や滑稽《こっけい》本《ぼん》といわれる文芸作品が人気に。滑稽本のなかでも十《じっ》返舎一九《ぺんしゃいっく》の『東海道中膝栗《とうかいどうちゅうひざくり》毛《げ》』は、庶民の間に旅行ブームを巻き起こしました。

1837		大塩平八郎の乱（1837）	歌川広重『東海道五十三次』（1833）
	家慶	天保の改革が実施される（1841〜43）	出版等の取り締まりが強まる
1853		ペリーが浦賀に来航（1853）	
	家定	日米和親条約を締結（1854）	
		安政の大地震（1855）	
1858	家茂	コレラの流行、日米修好通商条約、安政の大獄（1858）	
		桜田門外の変（1860）	
		池田屋事件（1864）	
1866	慶喜	大政奉還／王政復古の大号令（1867）	「ええじゃないか」の乱舞が起こる
1868		江戸開城、江戸から東京へ	

■江戸幕府の終焉

1853年にペリーが浦賀に来航し、その翌年に日米和親条約が締結されると、1639年の鎖国令以来の開国となりました。その後、幕府とその反対勢力との対立が激化し、幕藩体制は崩壊の危機に。1867年、ついに第15代・徳川慶喜《よしのぶ》によって、政権を朝廷に返上する「大政奉還」が行われると約260年続いた江戸時代は終わりを迎えました。

江戸全体マップ

江戸城を中心に拡張と発展を遂げた江戸の町。その区画は武家地・寺社地・町地に分けられ、身分ごとに居住地が決まっていました。

江戸の７割は武家地だった

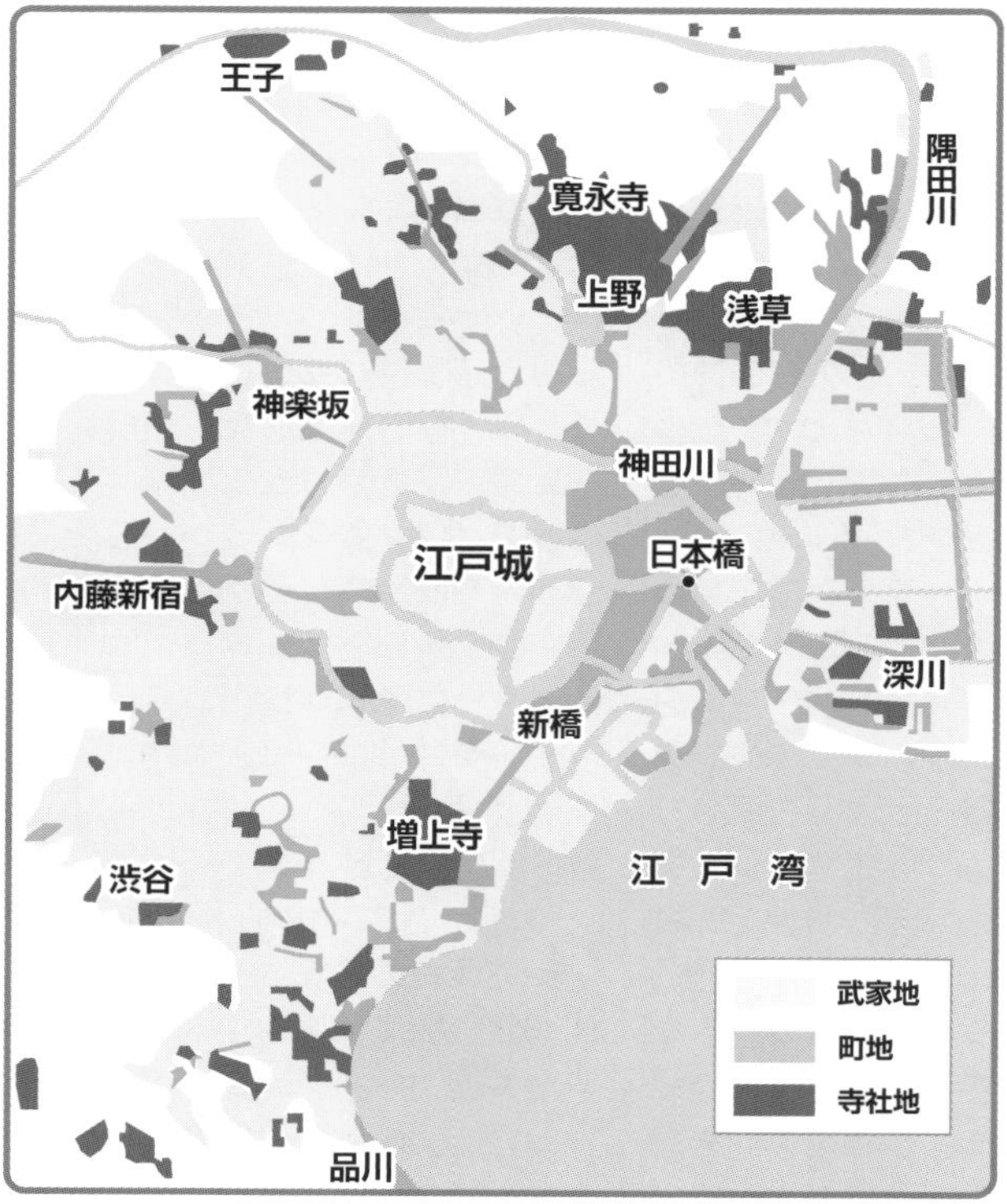

■狭い町地に集った町人

１８７０年の調査によると、江戸市街総面積のうち、武家地は70%、寺社地は16%、町地は14%で、町の大部分が武家地だったことが分かります。また、18世紀の江戸の人口１００万のうち約半数は武家人口で、残りの半数が商人や職人などの町人でした。これを踏まえると、わずか14%の町地に約50万もの町人が住んでいたことになります。

江戸の原風景とは？

現在の東京の中心地・千代田区の東側は、
「日比谷入江」という海だったことをご存じですか？

幕府が開かれたばかりの江戸

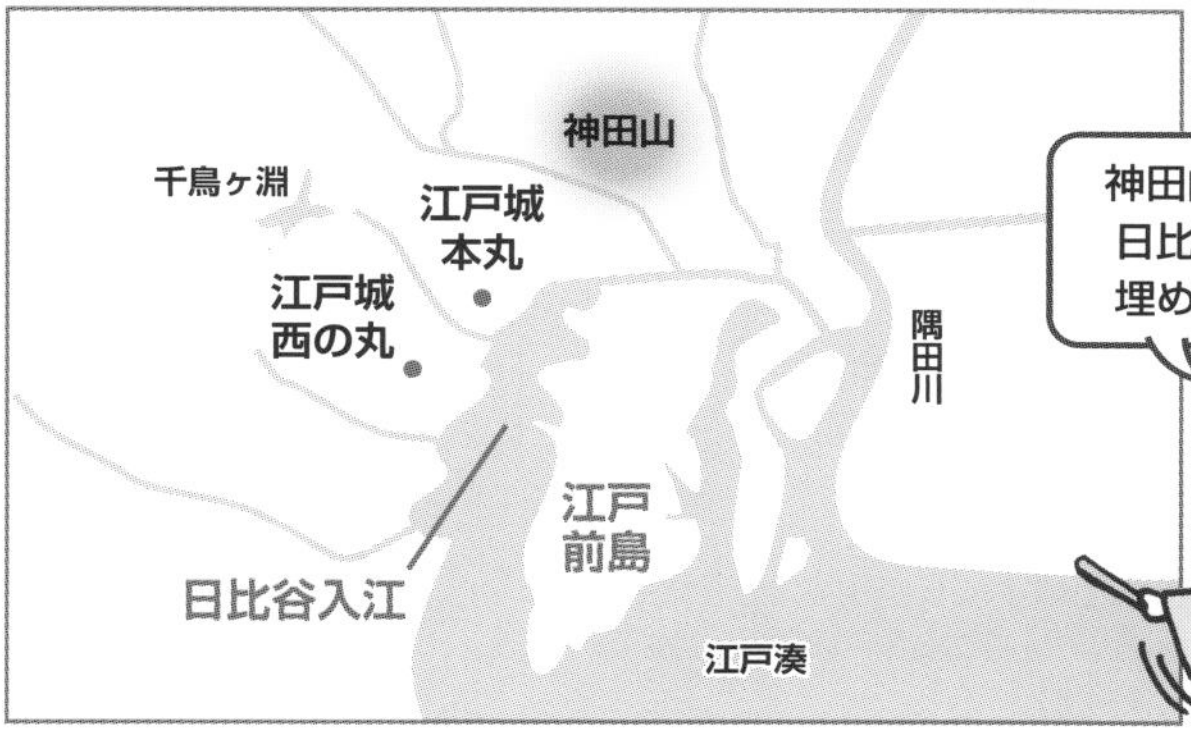

徳川家康

幕末期の江戸

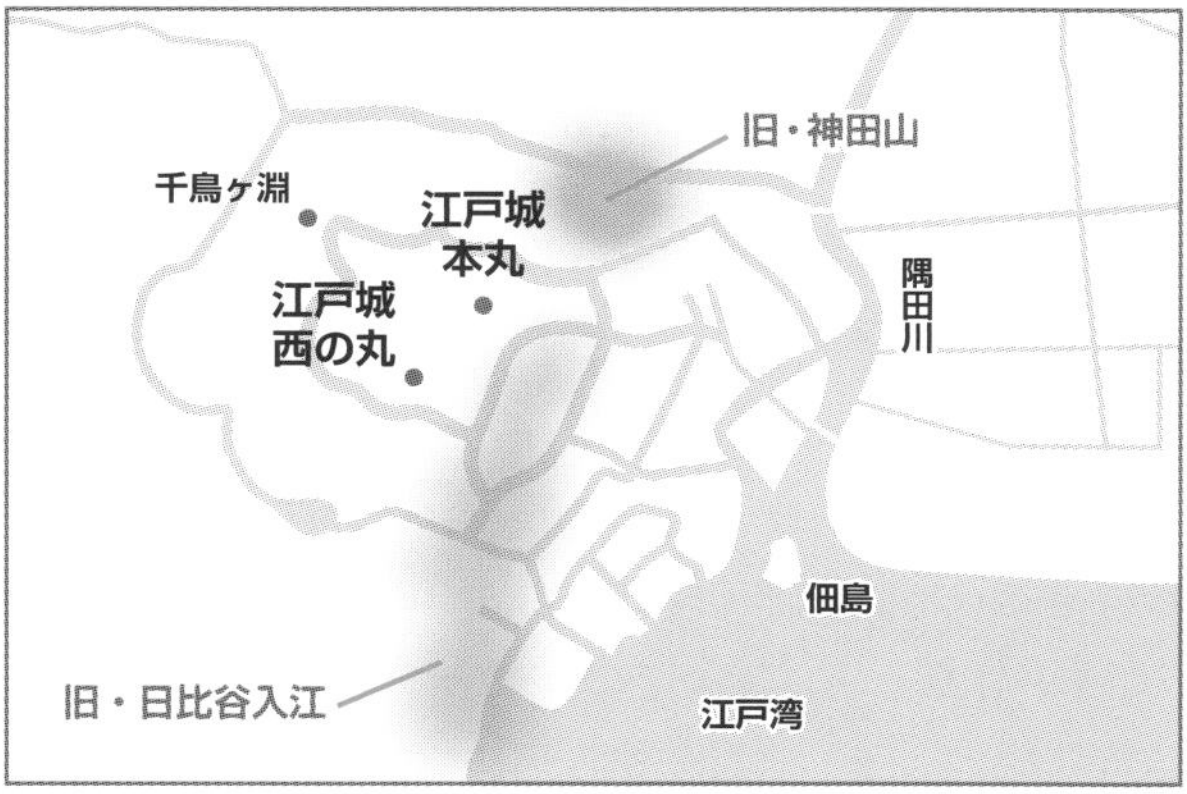

関東の地方都市にすぎなかった江戸に徳川家康がやってきたのは1590年。その後幕府が開かれると、江戸の人口は当初の倍以上に増加しました。これに伴い、家康は神田山を切り崩し、江戸城下にあった日比谷入江を埋め立てる事業を開始。武家屋敷を建てる土地や市街地を拡張し、町は姿を変えていきました。

江戸時代ってどんな時代？③

江戸時代の人々

江戸時代には身分制度があり、大きく武士と庶民に分けることができます。幕藩体制のもと、武士は支配階級、庶民は被支配身分とされていました。

旗本と御家人

旗本と御家人は将軍の直属の部下で、直参《じきさん》といわれます。同じ旗本や御家人でも、生活の豊かさは家によってさまざまでした。

旗本（はたもと）

禄高《ろくだか》１万石未満の将軍直属の家臣で、将軍に謁見《えっけん》できる「御《お》目《め》見《み》得《え》以上」の身分の者を旗本といいます。主に三河時代から徳川家の家臣だった者を中心に構成されていました。彼らの一部は将軍から知行所《ちぎょうしょ》を与えられ、その土地を支配しました。城の警備など軍事系の役職や幕府の事務系の役職、無役の者もいました。

御家人（ごけにん）

禄高１万石未満の武家で、「御目見得以下」の身分の者を御家人といいます。旗本と同じく将軍直属の家臣でしたが、多くが知行所を与えられず、幕府や諸藩の米蔵から米を受け取って生活していました。元禄《げんろく》期になると、生活に困窮した御家人が武士の家格を「御家人株」として売ることもありました。

ひと目でわかる大名・旗本・御家人

	大名	旗本	御家人
禄高	１万石以上	１万石未満	１万石未満
格式	御目見得以上	御目見得以上	御目見得以下

大名と藩士

領地の支配機構である「藩」を率いる武家を大名といい、藩に所属する大名の家臣たちを藩士といいました。

大名

大名は将軍に仕える武家で、１万石以上の領地を所有している者のこと。彼らはそれぞれの領地において独自の支配体制を持つことを許されていて、参勤交代制度によって江戸の藩邸と藩の領地（国許《くにもと》）とを行き来する生活を送っていました。徳川家との関係が近い順に親藩《しんぱん》、譜代《ふだい》大名、外様《とざま》大名の３つの区別があります。

藩士

藩士は各大名に仕える武士で、国許《くにもと》に居住する者と、国許に家族を残して江戸の大名屋敷に単身赴任する江戸勤番《きんばん》とがいました。江戸勤番はいわゆる田舎者で、江戸では野暮とされる浅葱木綿《あさぎもめん》の裏地の着物を着る者が多かったといいます。彼らは江戸っ子に「浅葱裏」と笑い者にされながらも、赴任中に江戸見物を楽しみました。

ひと目で分かる大名の種類

親藩	徳川家と血縁関係のある武家
譜代大名	関ヶ原の戦い以前から徳川家の家臣だった武家
外様大名	関ヶ原の戦い前後に徳川家の家臣となった武家

商人と職人

江戸の町に住む庶民の代表・商人と職人。町の活気を支えた彼らは、どのような仕事に従事し、生計を立てていたのでしょうか。

商人

商家には奉公人と呼ばれる住み込みの従業員がいて、仕事を覚えて出世が叶うと、「暖簾《のれん》分け」といって自分の店を開業することができました。また、商人でも店を持たない者を行商人といい、江戸には野菜や魚介、豆腐などの商品をざるや木桶に入れて担ぎ、売り歩く「棒《ぼう》手《て》振《ふ》り」の行商人がたくさんいました。

職人

外で仕事をする出職《でしょく》と自宅で仕事をする居職《いじょく》がいました。出職のうち、特に活躍したのは大工・左官・鳶《とび》職で、火事の多い江戸には仕事がたくさんあったのです。一方、居職は主に日用品や工芸品をつくって生活し、妻と分業する者も。また、江戸の職人の多くが住んでいたのは、集合住宅である長屋でした。

最初は「丁稚・小僧」、目指すは独立

商家で働く奉公人のうち、もっとも下の位は「丁稚《でっち》・小僧」と呼ばれ、長屋や近郊の農家で育った子どもたちが勤めました。彼らは元服すると「手代《てだい》」に昇格し、能力によって「番頭《ばんとう》」への出世や「暖簾分け」の道が拓けました。

百姓

全人口の8割を農民が占めていた江戸時代。
江戸近郊の農村では、人々はどのような暮らしをしていたのでしょうか。

百姓

百姓は、一定以上の農地を所有する本百姓、わずかな農地を所有する小前《こまえ》百姓、農地を持たない水呑《みずのみ》百姓に分けられます。このうち本百姓は使用人を雇って農作業に従事していました。農村に囲炉裏や土間、応接間などのある民家を持ち、食事は雑穀と野菜、漬物、味噌汁など。秋に稲刈りをし、11月には作った米の約半分を年貢として納め、残りを売って収入としていました。

絶対的ではなかった身分制度

江戸時代の身分制度といえば「士農工商」という言葉が思い浮かぶでしょうが、これを「身分の序列を表したもの」と解釈するのは誤りです。

当時の封建社会では、たしかに人々は武士や町人、百姓などの身分に分けられていました。しかし実際は、下級武士が「旗本株」や「御家人株」によって家の格式を売却すれば、裕福な町人がそれを買って子を武士として育てました。また、日常では、身分に関わらず人々は同じ湯屋《ゆや》や髪結床《かみゆいどこ》を利用しました。江戸の町では、身分の差はそれほど絶対的なものではなかったと考えられます。

江戸時代の単位

生活と密接に関わる、ものの単位。距離は「里」、長さは「寸」、時間は「刻」など、江戸時代の人々が用いていた単位は、現代と異なっていました。

お金と時間の単位

貨幣制度は３種類のお金が出回る複雑なものでありながら、時間感覚は季節に合わせた大雑把なものでした。

金・銀・銭の三貨制度

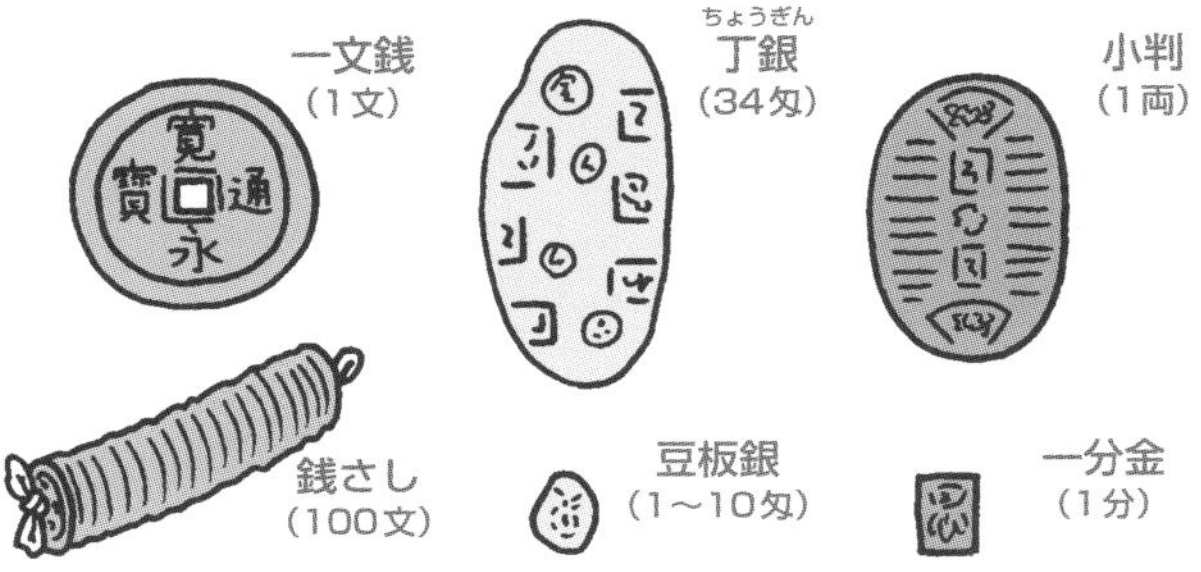

流通していたお金は金・銀・銭《ぜに》の3種類でした。金貨は額が記された計《けい》数《すう》貨幣、銀貨は秤《はかり》で計った重さによって取引される秤量《ひょうりょう》貨幣、銭貨は1枚が１文の計数貨幣。当初は金１両＝金４分＝銀50匁《もんめ》＝銭４貫文《かんもん》（4,000文）でしたが、レートは変動を繰り返していました。

季節によって変わる1刻の長さ

時間の単位は「刻《こく》」。日の出前（明け六つ）と日没直後（暮れ六つ）を境に昼と夜を分け、それぞれを６等分した長さが１刻です。夏と冬で太陽が出ている時間は異なるため、季節によって１刻の長さはまちまち。庶民は太陽の位置や「時の鐘」の音で時刻を知りました。

その他の単位

昔話に登場する一寸法師の「一寸」は昔の長さの単位ですが、どのくらいの大きさかご存じですか？　日常的に使われた単位の一部を紹介します。

長さ

長さの単位には主に「尺」や「寸」が用いられ、1尺は約30.3cm、1寸は約3.03cmでした。

距離

距離の単位は「里《り》」で、1里は約3.93km。主要な街道では、1里ごとに目印の榎《えのき》が植えられました。

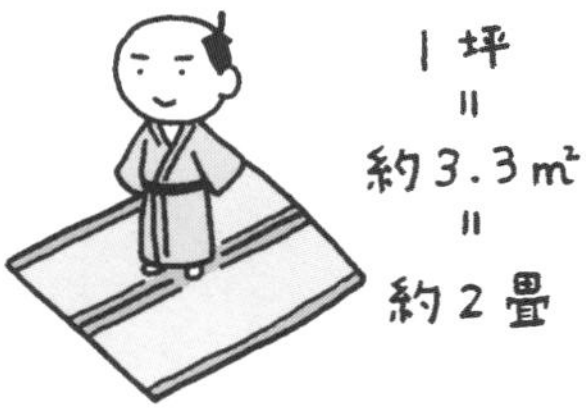

面積

現在も建物の面積の単位に用いられている「坪」が江戸時代にも使われていました。1坪は約3.3㎡。

重さ

重さの単位は「貫」や「俵《ひょう》」などで、1貫は約3.75kg。昔の人が担いだ米俵1俵は約60kgの重さがありました。

1年が13か月あることも

江戸時代では、月の満ち欠けのサイクルを1か月の目安としていました。ただし、そのサイクルは約29.5日のため、30日の月「大の月」と29日の月「小の月」をつくることで調節する必要がありました。しかし、それでも地球が太陽の周りを1周する周期との間にズレが生じてしまうため、19年に7回、1年を13か月とすることで周期を合わせていました。

column

江戸城の全貌

政治の中枢であり徳川将軍家の居城だった江戸城。現在の皇居があるのはその中心だった場所で、全貌はより広範囲に及んでいました。

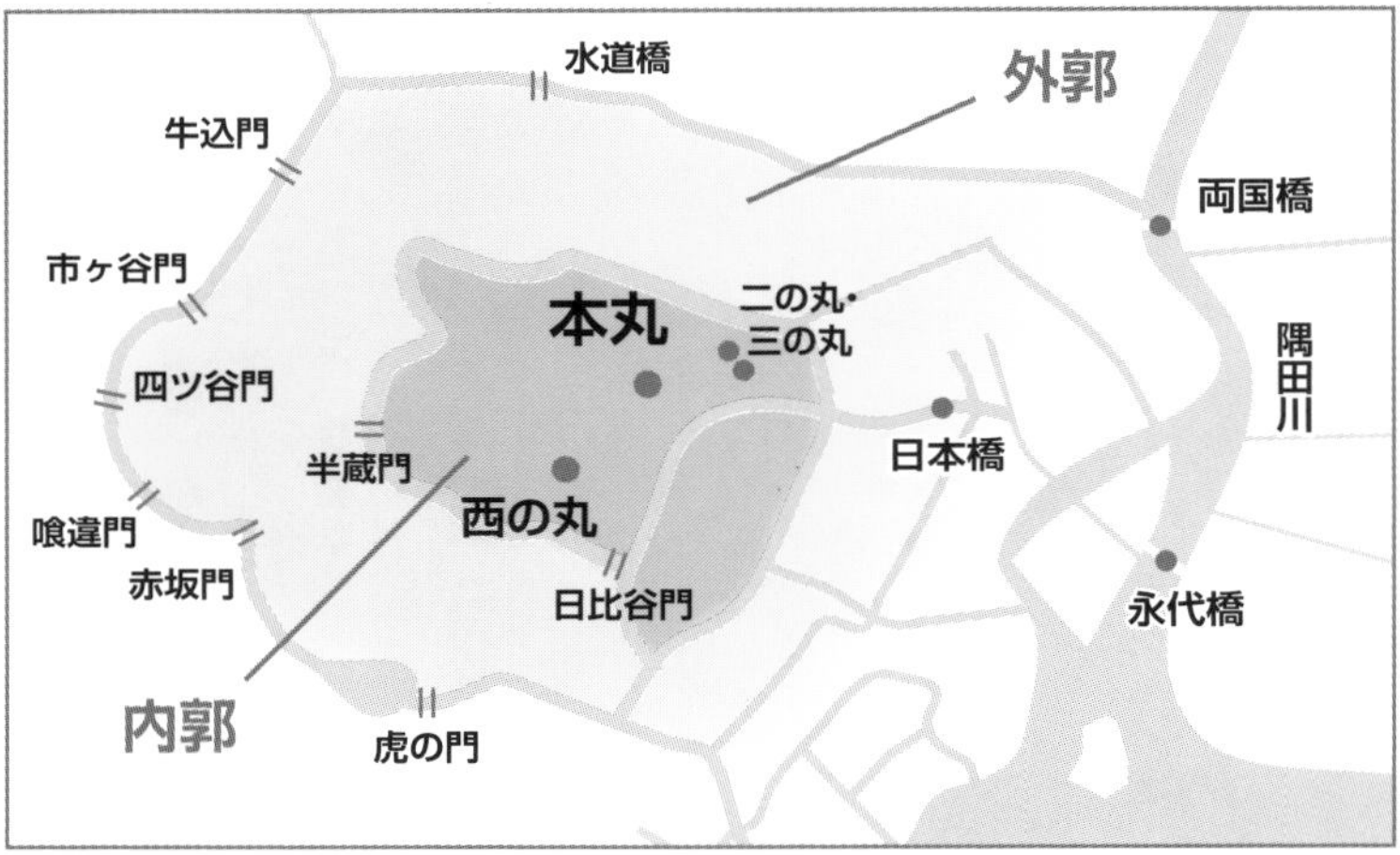

内郭

政務を執る部屋や将軍の住居、大奥がある本丸と、緊急時に本丸と同等の機能を果たす西の丸、二の丸、三の丸などがあります。ここだけで約30万坪もの広さでした。

外郭

内郭とは内堀で隔てられた外郭。ここには立派な大名屋敷と寺社地、町地があり、城は城下町と一体化していました。内郭と外郭を合わせると、約70万坪。

明暦の大火により姿を変えた江戸城

江戸城が築かれたのは、かつて太《お》田《た》道《どう》灌《かん》の城があった場所でした。江戸城の築城は天下の大事業として進められ、1636年に完成を見ます。しかし1657年、明暦《めいれき》の大火により天守閣や大名屋敷、町地までも焼失。幕府は再建にあたり多くの大名屋敷を城外に移転、町地も拡充しました。

4代将軍家綱

【第2章】

江戸時代の政務事情

何だかエラそうで近寄りがたい将軍様にお武家様。そんなイメージがありますが、実際のお仕事事情はゆるいものだったとか？　幕府が統治した江戸の町の治安やインフラ事情も含めて見ていきましょう。

江戸時代の政務事情①

将軍ってどんな人？

時代劇などで個性豊かに描かれることも多い江戸時代の将軍ですが、実際はどのように仕事をこなし、日々の生活を送っていたのでしょうか。

政務は1日2～3時間

御側御用取次：上様、〇〇を道中奉行に任命したく……。
将軍：うむうむ、よきにはからえ！
御側御用取次：ははー！（上様、ちゃんと聞いているのかな……）

主な仕事は決裁業務

将軍は、江戸時代の権力の中枢・江戸幕府の最高位にあたります。初代・徳川家康から第15代・慶喜《よしのぶ》まで15人の将軍がいました。しかし、将軍が政治を直接的に司っていたのは「側近政治」が行われた第2代・秀忠《ひでただ》の時代まで。その後、政治の実務は将軍直属の老中3～5名による合議制へと移行していきました。将軍は公邸の「中奥《なかおく》」で老中から上がってくる稟議書《りんぎしょ》に裁決・許可を意味する「御《お》下知札《げちふだ》」を添付し、老中に戻します。現代風に言うと、書類にハンコを押す形式的な作業です。また、外国使節との接見、大名との謁見《えっけん》、朝廷との儀礼交換なども将軍の仕事でした。

将軍の1日

歴史の表舞台に立つ将軍という役職。さぞ激務なのだろうと思いきや、
その日常は意外にのんびりとしていました。そのルーティーンとは……。

起床は毎朝6時頃。用意されたたらいと湯桶でうがいと歯磨きをし、糠《ぬか》袋で顔を洗います。その後、医者による検診を受け、小姓に髪を整えてもらいます。

8時に朝食をとり、10時に正室や側室、奥女中がいる大奥へ移動。歴代将軍の位牌に礼拝した後、正室や大奥年寄らの出迎えを受ける「総《そう》触《ぶ》れ」が行われます。

中奥に戻り、昼食を済ませると政務の時間。稟議書の内容を確認して決裁を行ったり、「御用の間」で朝廷への書状を書いたりなどして、2～3時間ほどで終了。

その後は自由時間。過ごし方はさまざまで、儒学者の講義を聴いたり、武芸の稽古をしたり。日が暮れると入浴と夕食を済ませ、21時前には就寝しました。

【マメ知識】
自由時間には釣りや園芸、鷹狩り、書画、ペットのオシドリ鑑賞を楽しむ将軍もいました。

もっと知りたい「将軍の立場」

◆「将軍」は「征夷大将軍」の略称

そもそも「将軍」は武家社会のなかでどのような存在だったのでしょうか。

将軍とは「征夷大将軍」の略称であり、征夷大将軍は、元は蝦夷《えみし》征討のための征討軍のトップのことを指しました。しかし鎌倉時代以降になると、武士で天下の政務を執る者にこの称号が与えられるようになります。徳川家康は、関ヶ原の戦いに勝利したことで天下をとり、朝廷から征夷大将軍に任命されました。そして政務を執り行う官庁としての幕府を開きます。豊臣家から徳川家に政権が移行すると、各大名は自主的に徳川家将軍のもとに拝謁《はいえつ》し、臣下の礼をとるようになりました。幕府はこれを参勤交代として制度化することで、長年にわたり将軍と大名との主従関係を再確認させたのです。

◆どうしたら将軍になれる？

初代・徳川家康は覇権争いに勝利することで将軍の地位を手に入れましたが、家康以降の将軍たちはどのようにしてその地位についたのでしょうか？

基本的に、将軍の地位は徳川家康の子孫が代々受け継いでいくことになっていました。そのため第2代は家康の子・秀忠になります。また、家康は徳川家の血統を存続させるために「御三家《ごさんけ》」を設立しました。有名な「尾張家」「紀伊家」「水戸家」です。宗家である徳川将軍家の跡継ぎが途絶えた場合に、この御三家から跡継ぎを出すことができました。なお、尾張は家康の九男・義直《よしなお》、紀伊は十男・頼宣《よりのぶ》、水戸は十一男・頼房《よりふさ》が初代藩主とされ、親藩のうちでも最高位を与えられていました。

ざっくり幕藩体制

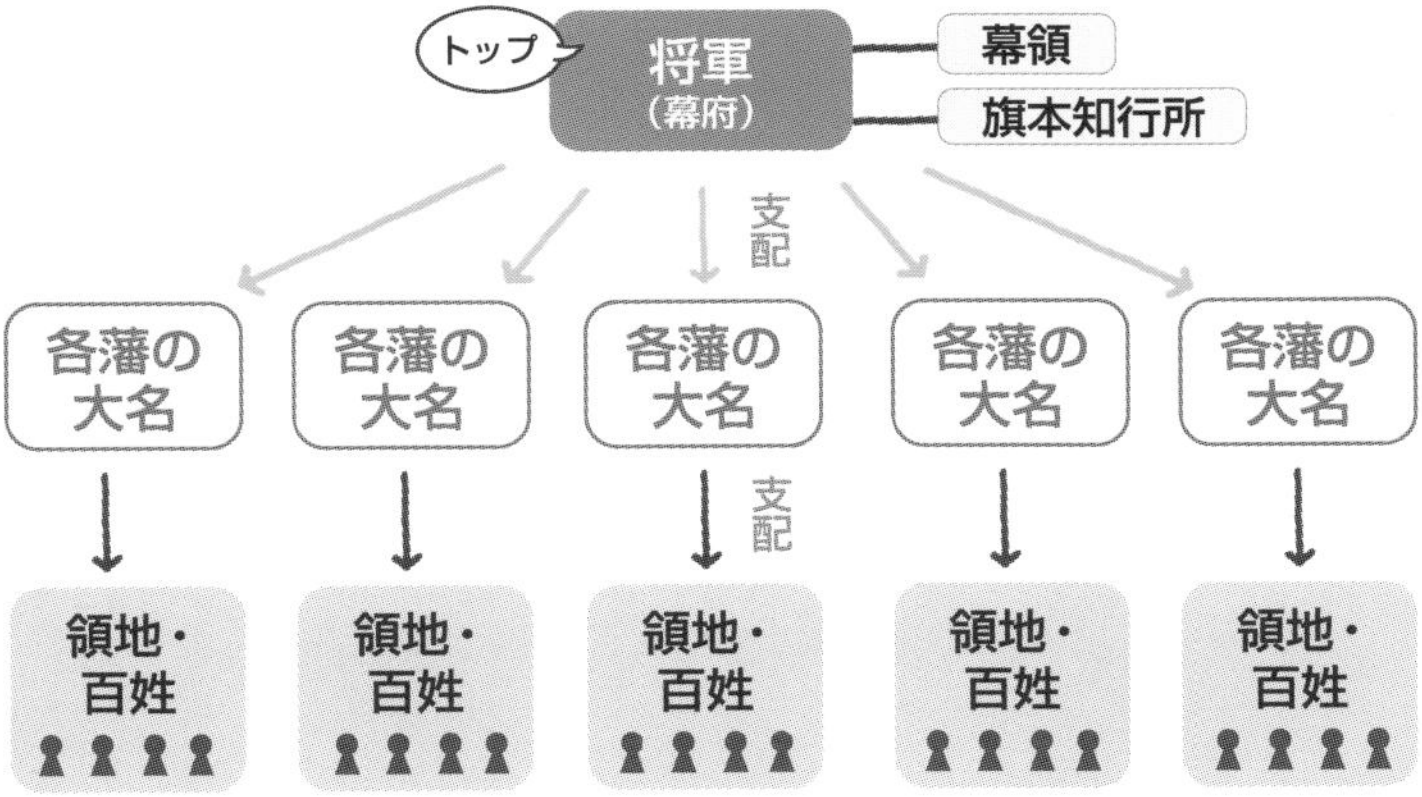

江戸時代の政治体制は幕藩体制。日本各地にある統治機構「藩」を各大名が支配し、その藩を、将軍を頂点とする幕府が支配下に置いていました。

徳川家の歴代将軍

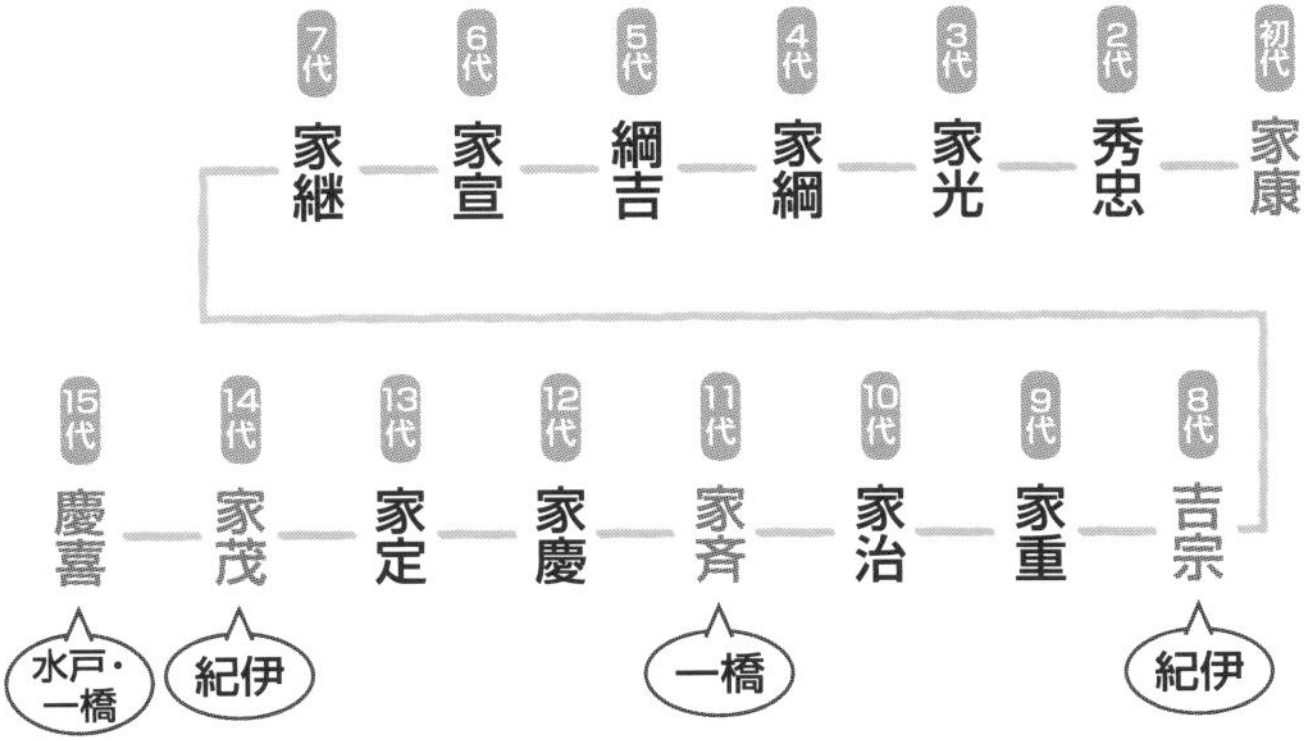

歴代の将軍のうち、第8代・吉宗と第14代・家茂《いえもち》は紀伊家から、第11代・家斉《いえなり》と最後の将軍である慶喜は一橋家から選ばれました。ちなみに、一橋家は御三家ではありませんが、江戸中期に、新たに徳川家の血筋として立てられた御三卿《ごさんきょう》のうちのひとつでした。

江戸時代の政務事情②

幕府の官僚のお仕事

江戸時代の政務を執り行った「幕府」。将軍のもとで幕政に関わる重要な仕事を担っていた、いわゆる「官僚」はどのような人々だったのでしょうか。

武士だけど、事務仕事？

大名１：戦もなくて、平和だよな～。
大名２：刀の振り方も忘れちゃったよ～。
大名３：報告書の書き方ばっかり上達したりして。

■文治政治への転換

江戸幕府には、幕政を左右する重職から、江戸城の警備を行うもの、都市の行政や警察等を担うものなど数多くの役職があり、大名や旗本、御家人から任命されました。当初は武力による政治が行われましたが、平和な時代が続くと法や教化による文治《ぶんち》政治へと移行。行政を担う武士には、武芸だけでなく学問の修得も重要視されるようになりました。また、なかには能力を評価されて出世する武士もいましたが、大老や老中を含む最も重要な役職は譜代大名から選ばれ、その他の要職には外様大名以外の大名や旗本から選ばれるなど、家格によって就ける役職が決められました。

江戸幕府の主な役職

多岐にわたる、幕府内の事務仕事。
大名や旗本が担った幕府の主な役職と、その仕事内容がこちら。

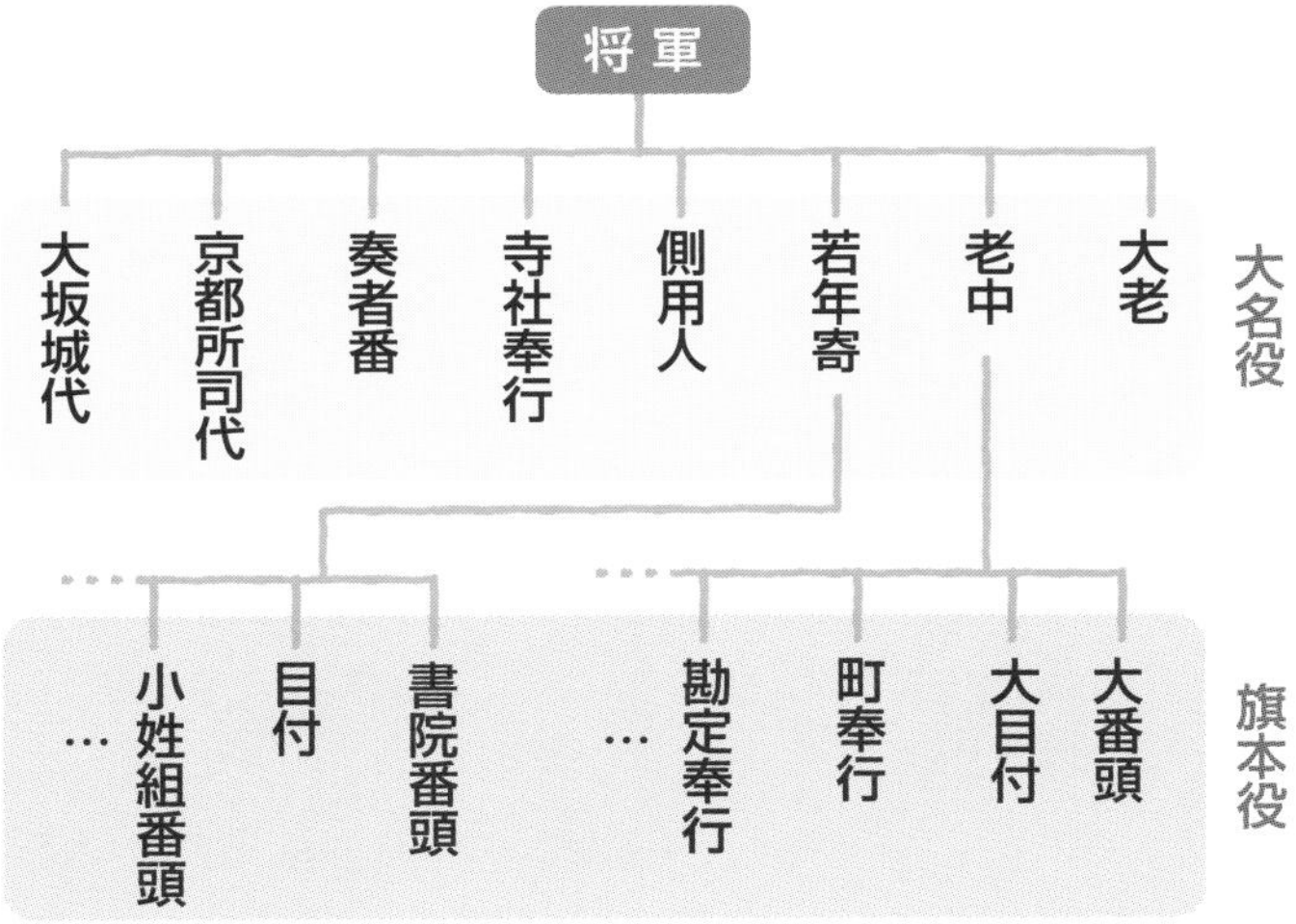

大老（臨時・1人）
臨時に置かれた最高職。老中の上役にあたる。

老中（3～5人）
将軍に直属し、幕政全般の実務を司る最高職。

若年寄（3～5人）
老中の補佐役。一部政務や幕臣（旗本）統轄を担当。

側用人（不定期・1人）
将軍の側近で、将軍と老中との仲介役。

寺社奉行（4人）
全国の寺社や寺社領の管理と宗教統制を担当。

奏者番（20～30人）
将軍謁見の取次役。大名はここから出世していく。

京都所司代（1人）
京都・西国支配の重職。朝廷や西国諸大名を監視。

大坂城代（1人）
西国諸大名の監視や大坂城の守衛などを担当。

大番頭
将軍直轄の軍のトップ。幕府の城郭の守衛を担当。

大目付
諸大名の監察を担当。

町奉行
江戸の行政・司法・警察・消防など市政を管轄。

勘定奉行
財政や幕領の支配、年貢の徴収などを主に担当。

書院番頭
将軍が外出の際のお供や、江戸城諸門の警備を担当。

目付
旗本・御家人の監察を担当。

小姓組番頭
将軍に近侍し、諸儀式で給仕などを行う小姓組を統率。

もっと知りたい「幕府の官僚」

◆家格と役職

幕府の役職は、それぞれ譜代大名が就くもの、御目見得以上の旗本が就くもの、御目見得以下の御家人が就くものに分けられていました。譜代大名は幕府の首脳部である老中や若年寄のほか、将軍側近の重職である側用人、三奉行（寺社奉行・町奉行・勘定奉行）のなかでも最高格の寺社奉行、西国支配の重職である京都所司代や大坂城代といった役職に就けました。また、家格の高い旗本には大番頭や書院番頭、町奉行や勘定奉行といった重要なポストがあり、御家人は旗本の下で江戸城の警備や農財政などの行政・司法を担当しました。一方で、将軍直属の家臣である旗本と御家人のうち約半数は仕事にあぶれ、給料はもらうものの、仕事がありませんでした。

◆江戸城のトップ2・老中と若年寄

第3代・家光以降、幕政の実務を司ったのは将軍ではなく、大老や老中でした。大老は必要に応じて設置される臨時の役職だったため、基本的には3～5人の老中が合議して政策を決定、将軍に決裁を仰ぐという流れです。有名な江戸時代の三大改革・享保の改革、寛政の改革、天保の改革は、それぞれ水野忠之《みずのただゆき》や松平定信《まつだいらさだのぶ》、水野忠邦《みずのただくに》などの老中が中心となって実務を担当しました。

また、老中が仕事を行う江戸城御用部屋《ごようべや》のうち、下の間は若年寄の仕事部屋となっていました。江戸城内で老中に次ぐ地位を誇った若年寄でしたが、仕事中に上の間にいる老中から雑用を命じられることもあり、老中には頭が上がらなかったようです。

武家のヒエラルキー

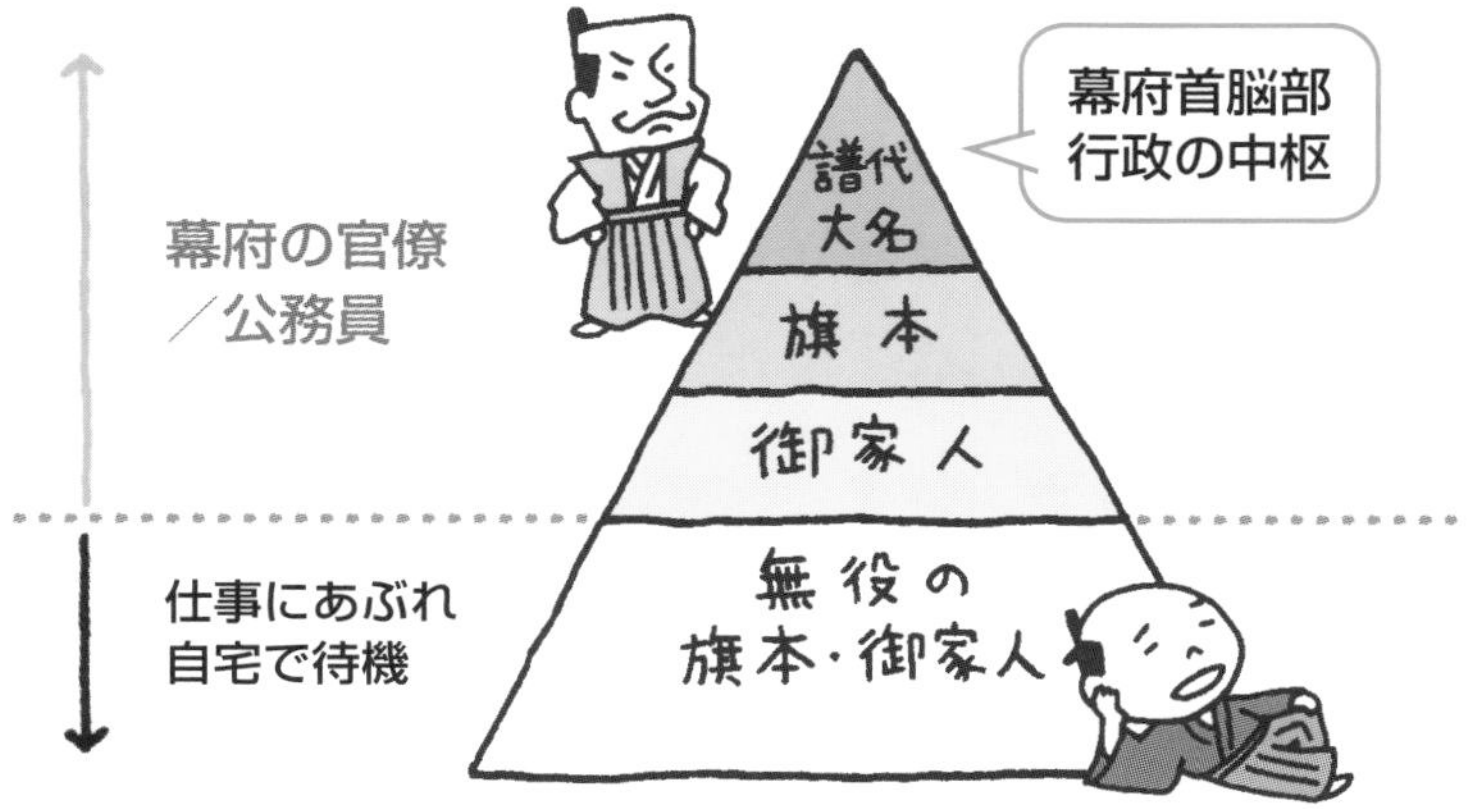

将軍家の家臣団である旗本と御家人の数は合計2万人ほど。このうち約1万人は幕府の役職に収まらず、寄合《よりあい》や小普請《こぶしん》といった組に編入されましたが、仕事はありませんでした。

老中による政策会議

老中は1か月ごとに責任者を交代して政務を執る「月番制」で働いていましたが、重要な事案が発生すると、月番《つきばん》に関係なく老中全員による話し合いが行われました。

江戸時代の
政務事情③

参勤交代

人質となった妻

大名：今年は参勤交代。やっと江戸の妻に会える……。
妻：江戸の生活って刺激が多くて楽しいわ～！
……あれ、そろそろ旦那がくる頃だっけ？

江戸時代の幕藩体制を維持させるのに欠かせなかった参勤交代は、大名統制のほかにも、さまざまな効果をもたらした制度でした。

義務付けられた江戸への参勤

参勤交代が制度化されたのは第3代・家光のとき。「参府《さんぷ》」といって、各地の大名が1年ごとに江戸に出向き、幕府から拝領した江戸の広大な武家屋敷に1年間滞在しました。なお、大名の妻子は人質として江戸の武家屋敷に住む決まりでした。

参勤交代には大名が将軍に忠誠を示す意味がありましたが、参府には莫大な費用がかかったため、幕府にとっては諸藩の財政を圧迫し、武力を削る効果もありました。参勤交代の大名行列は一般的に150~300人規模でしたから、国許《くにもと》から江戸までの宿泊費や食事代、江戸滞在費などを考えると、かなりの出費だったことがうかがえます。

参勤交代がもたらしたもの

藩にとってはお金のかかる大変な制度でしたが、
人もお金もかけた大名行列は各地でメリットをもたらしました。

参勤交代の行列

騎馬や徒歩の武士、道具や槍を持つ武家奉公人、大名に仕える医師などが行列の一員を成しました。

街道の発展

大名行列の移動により、各地と江戸を結ぶ街道など、交通インフラの整備が進展。それにともない、街道沿いにあった宿場町も繁盛しました。

江戸の発展

江戸滞在中の大名らによる消費が、江戸の経済発展に大きく貢献しました。また、国許と江戸の往来により、全国的な文化の交流も起きました。

江戸っ子の楽しみ

江戸の庶民は参勤交代の行列があると、その見物を楽しんだといいます。藩によって規模や行列の演出も異なったため、見応えもあったハズ。

■参勤交代を免除された大名もいた

大名のなかでも、老中や若年寄などの役職に就いているために江戸を離れることができない者がいました。彼らは「定府《じょうふ》」といって江戸に定住し、参勤交代を免除されていました。ほかに御三家の水戸藩など、全体の1割程度が免除の対象となっていました。

江戸時代の政務事情④

大奥ってどんな場所？

人気漫画の舞台としても有名な大奥。男子禁制という謎に包まれた空間で、どのようなドラマが繰り広げられていたのでしょうか。

側室の座を狙う奥女中

奥女中１：ウフフフ。（次の将軍の側室は私よ……）
奥女中２：オホホホ。（この女にだけは、絶対に負けないわー！！）
側室：…………。（ふふ、好きに言っていなさい）

さまざまな身分の女性が暮らした

大奥があったのは、江戸城の本丸御殿にある将軍の公邸「中奥《なかおく》」の、さらに奥。そこでは将軍の正《せい》室《しつ》（御台所《みだいどころ》）や側室のほか、５００人ほどの奥女中が暮らしていました。大奥の特徴としてよく知られているのは、将軍とその子以外の男子は立ち入り禁止だったこと。しかし実際は、大奥内の広敷《ひろしき》向《むき》という場所に男性の役人が詰めていました。

また、奥女中たちの身分はさまざまで、公家や武家、庶民の出身の者も含まれていました。そのため、町人の娘のなかには大奥での奉公に憧れる者も。町人から将軍の側室へ大出世するというのも、不可能ではなかったのです。

大奥勤めのキビシい条件

特殊な環境ともいえる大奥で生活を続けるためには、
乗り越えなくてはならないさまざまな条件がありました。

条件その① 教養を磨く！

そもそも、大奥での奉公には「目見《めみえ》」という採用試験を通過する必要があり、そのためには文字の読み書きや三味線、長唄などの芸事を身に付けなければなりませんでした。

条件その② 基本的に外出禁止！

奥女中は外出が厳しく制限されていて、自由に遊びに出かけることは許されませんでした。ただし、寺社の参詣を口実に外出し、歌舞伎などの芝居を楽しむ者もいたようです。

条件その③ 女の共同生活に耐える！

大奥では基本的に主人が死亡するまで一生奉公の身でした。格式の低い奥女中は２～３人の相部屋に暮らし、女ばかりの共同生活でいざこざが生じても、我慢するしかありません。

条件その④ 競争社会で生き残る！

役職ごとに給与が支給され、なかでも大奥を取り仕切る御年寄《おとしより》や御中臈《おちゅうろう》などは十分な給与をもらえました。階級を上げて昇給するためには、競争社会で勝ち残る必要がありました。

江戸時代の
政務事情⑤

江戸時代の武士

「武士は食わねど高楊枝」とは武士の清貧と気位の高さを表現した言葉で有名ですが、実際のところは？　その暮らしぶりを見てみましょう。

暇を持て余した武士

下級武士1：先輩、俺たち働かなくていいんですかね。
下級武士2：いいのいいの。休むのも仕事だから。
下級武士1：それもそっすね！　今日も飲みますか！

有り余る時間をどう過ごした？

江戸時代の武士にはさまざまな種類があり、1万石以上の領地を持つ大名とその家臣の藩士、将軍直属の家臣団である旗本・御家人、家の没落などによって無職となった浪人《ろうにん》などがいました。ひと口に武士といっても、家格や役職の有無によって暮らしぶりはさまざま。一部の役職に就いている者を除き、多くは「三日勤め」といって2日勤めて1日は休みがもらえる程度の仕事しかありませんでした。また、下級武士の多くは仕事すらなく、いざというときのため文武の修行に励む者もいましたが、大半は怠惰な生活や、傘張りや提灯づくりなどのアルバイト生活を送っていました。

とある武士の１日

江戸の武士はどのような１日を送っていたのでしょうか？
江戸の行政・司法・警察を管轄した町奉行の１日を覗いてみましょう。

朝

１か月ごとに勤務を担当する「月番制《つきばんせい》」の町奉行。月番の日はまず江戸城に参上します。朝起きて月代《さかやき》を剃り、朝食をとって身支度を済ませたら出発です。

10:00

10時に江戸城に到着。その後老中が登城してくると、業務の指示を受けます。同僚らと打ち合わせなどの用事を済ませたら、14時過ぎに町奉行所へ。

15:00ごろ

町奉行所では、訴訟を片付けていきます。部下の与力《よりき》に指示を出したり、自ら被告と原告の言い分を聞いたり、判決を言い渡したりします。

夕暮れどき

３～４時間をかけて３～４件の訴訟を処理します。仕事を終えると、町奉行所の屋敷の奥にある私邸に帰宅。夕食をとり、忙しい１日が終わります。

【マメ知識】
町奉行は奉行所の私邸に、与力たちは八丁堀の組屋敷に住んでいました。

もっと知りたい「江戸の武士」

◆武士のお給料事情

江戸時代の武士は、どのように給料をもらっていたのでしょうか。そもそも、給料の支給方法にはいくつかのパターンがありました。

まず「地方知行制《じかたちぎょうせい》」では、幕府や藩から決められた石高の「知行所《ちぎょうしょ》」を与えられ、その領地における収益から収入を得ていました。こうした領地を持たない「蔵米取《くらまいと》り」の武士は、決められた量の米を幕府の米蔵から支給されます。ほかにも「扶持米《ふちまい》」は「〇人扶持」と表記され、1人扶持では1日に玄米5合が支給されました。

また、下級の御家人などでは、貨幣で給与が支給される場合もありました。ちなみに、米で支給される場合、武士は「札差《ふださし》」と呼ばれる業者に依頼し、米の一部を貨幣に換金して生活費としました。

◆意外な才能を発揮した武士たち

比較的時間に余裕があった江戸時代の武士のなかには、学問や文化に精を出し、意外な才能を開花させた者がいました。本草《ほんぞう》学者で戯作者の平賀源内《ひらがげんない》も、もとは讃岐《さぬき》高松藩の藩士でしたが、長崎で本草学や蘭学を学んだ後退役し、自然科学分野などでもその才能を発揮したことで知られています。

また、京都町奉行などを務めた幕臣の松平《まつだいら》定朝《さだとも》は園芸家として活躍し、200種近くの花《はな》菖蒲《しょうぶ》の改良種を育成しました。ほかにも、古河《こが》藩主の土井《どい》利位《としつら》は蘭学好きで、雪の結晶を採取し、顕微鏡で観察・スケッチした絵をまとめた本を自費出版しています。平和な時代が長く続いたからこそ、武家出身の学者や文人が生まれ、文化の発展に貢献したといえます。

内職に勤しむ武士たち

休みが多く、経済的余裕のない下級武士たちはさまざまな内職に手を出しています。
下に挙げた以外にも提灯や凧貼り、鈴虫の養殖などがありました。

傘張り

青山（港区）に組屋敷があった甲《こう》賀《が》組《ぐみ》が得意としました。

金魚の養殖

御《おか》徒《ち》町《まち》（台東区）の御《お》徒《か》士《ち》組《ぐみ》が行ったことで知られています。

朝顔の栽培

朝顔の栽培も御徒士組の内職として有名。屋敷の庭で栽培しました。

流行にもなった「雪華柄」

土井利位のスケッチした雪の結晶が『雪《せっ》華《か》図説』という本にまとめられて出版されると、世間の注目を集めました。やがて、雪の結晶の図柄は「雪華柄」と呼ばれ、着物や小物の柄に取り入れられるなどして人々に親しまれました。

江戸の警察と自治

50万人もの町人が生活した江戸の町。町の防犯に貢献していたのは、幕府の役人だけではなく、多くの町人や非公式の情報屋たちでした。

抵抗したな!? 捕らえろ！

火付盗賊改：御用だ御用だ！ 火付盗賊改である！ 観念しろ！
小者：うわあ〜！　お助けを〜！
火付盗賊改：引っ立てーい！（ふっ、キマった……）

実務担当の与力・同心が活躍

江戸の行政・司法・警察・消防等を管轄していたのは町奉行所という役所です。北町奉行所と南町奉行所があり、与力《よりき》や、その部下の同心《どうしん》といった役職の者が実務に携わっていました。２つの奉行所は１か月ごとの交代で江戸全域を担当。役人は全体で６４０人ほどいましたが、50万人もいた江戸の町人の警察業務や司法・行政をこなすには人手が足りません。そこで、同心は「岡《おか》っ引《びき》」といわれる、裏社会に通じた情報屋を雇い、犯人の捜索や逮捕の手助けをさせました。また、江戸には町年寄《まちどしより》や町《まち》名《な》主《ぬし》などの町人による自治組織があり、この監視の目が犯罪の抑止力となりました。

重罪専門の「火付盗賊改」

江戸には「火付盗賊改《ひつけとうぞくあらため》」という、重罪を専門的に扱う犯罪捜査の組織がありました。町奉行と異なり武官が役職に就いたため、その荒っぽい仕事ぶりで人々に恐れられていました。

■捜査対象とされた重罪

その① 放火

木造家屋密集地の江戸では大火事の危険がありました。

その② 押し入り強盗

江戸初期に横行し、盗みの後に放火する者も。

町の治安を守った木戸

各町の境には朝6時頃に開き22時に閉ざされる木戸が設置され、その両脇では、通行人や市中を監視する木戸番と自身番が詰めていました。こうした自警組織が町々の治安維持に努めました。

町の自治組織

町年寄

奉行所からの御触《おふれ》を受ける町役人の最高位で、各町名主を統括します。

町名主

町政責任者。御触を各家主へ伝達したり、町政の諸事務を担当。

家主

地主に代わり、地所・住民を管理。住民に御触を周知させました。

江戸の牢屋敷と刑罰

１７４２年、公事方御定書《くじかたおさだめがき》の編纂により刑法に関する規定が定められました。罪人らはどのように裁かれ、罰を受けていたのでしょうか。

判決は……？

町奉行：なにっ、病の娘のために米を２度も盗んだと申すか。
わかった、罪一等を減じて「敲《たたき》」に処す！
罪人：あ、ありがたき幸せ……！

重罪に対しては残忍な刑罰も

江戸の伝馬町《てんまちょう》牢屋敷は約２６００坪の広さで、幕府最大の牢屋でした。ここに収容されたのは刑が未確定の囚人です。牢内では、自らも囚人でありながら牢内役人となった者が権力を持ち、自治を行っていたとされます。囚人たちは牢屋敷で取り調べを受けた後、町奉行所に出頭し、裁判を経て罪状が決定となりました。刑罰には６種類もの死刑のほか、罪の重さによって鞭打ちや入墨、軽追放、遠島《えんとう》などさまざまなものがありましたが、なかでも重罪とされた放火の場合、市中引き回しのうえ火あぶりとされました。ほかにも、現代の感覚からするとゾッとするようなものがありました。

牢内でも厳しい上下関係

「牢名主《ろうなぬし》」と呼ばれた牢内役人のトップは、畳を何重にも重ねた高いところに座ることができましたが、格の低い囚人は、ひどいときには十数人に1畳しかスペースを割り当てられなかったとか。なかなか過酷な環境だったようです。

主な刑罰の例

入墨の刑

軽い盗みを再犯すると科される刑。地域によって柄もいろいろ。

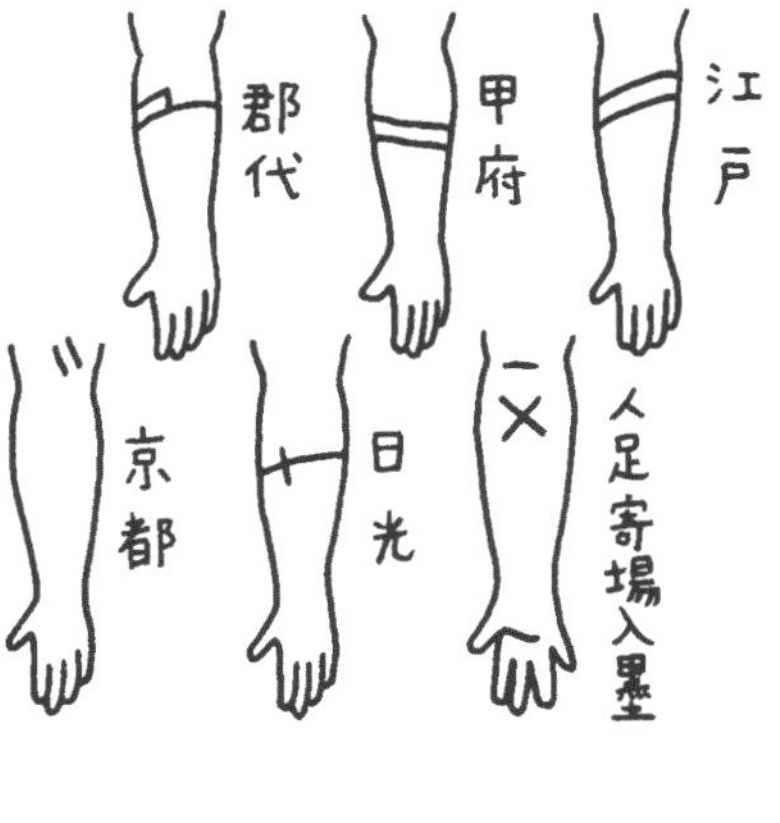

■その他の主な刑罰

敲《たたき》	罪人の肩・背・腰を通常50回、重罪だと100回殴打
軽追放	江戸10里四方・京・大坂・東海道筋・日光・日光道中から追放
遠島《えんとう》	伊豆七島に送られる
死罪	斬首のうえ、死骸をためし斬りにされる
獄門	斬首のうえ、首を晒される

江戸時代の政務事情⑧

江戸の火消し

颯爽と駆けつける

火消し：急げ！　現場はあっちだぞー！
町娘1：キャー！　火消しよ！　かっこいい！
町娘2：それより、早く逃げるわよ！

木造家屋が密集し、火災が頻発した江戸の町。火事と喧嘩は江戸の華といわれ、火事が起きると火消しが競い合うように消火に駆けつけました。

3つの火消し組織が活躍

江戸の6割を焼失させた明暦《めいれき》の大火（1657年）後、幕府は旗本に命じ「定火消《じょうびけ》し」を新設。以前からあった「大名火消し」も再編し、江戸の防火・消火活動にあたらせました。定火消しは与力や同心、臥煙《がえん》とよばれる火消し人足を、大名火消しは騎馬や足軽、人足《にんそく》らを引き連れて現場に向かいます。また、1718年に町奉行所の与力や同心が率いる「町火消し」が発足。火事の度に組織を再編しながら、隅田川以西の地区ごとに「いろは」の文字が割り振られた48の組と、本所・深川の16組にまとめられました。火事が発生すると一番に駆けつける火消しは、江戸の華とされました。

消防の現場

建物の造りが違えば、消火活動の方法も異なります。江戸の火消したちの主な仕事は、延焼を防ぐための家屋の破壊でした。

纏（まとい）

各組のシンボルで、消火活動の目印。纏持ちが消火の前線に立てました。

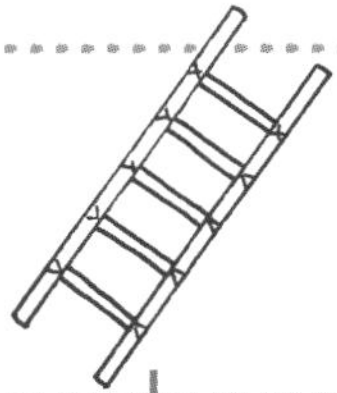

梯子（はしご）

纏を屋根の上に立てる際や、家屋を壊すため屋根に上がる際に使用しました。

龍吐水（りゅうどすい）

放水器。横に突き出した木の両端を手で上下に動かし、水を押し出すことで屋根に水をかけました。ただし水の勢いは弱く、効果はイマイチでした。

火消し人足

町火消しの人足のなかでも鳶職の者が大活躍。火の手を抑えるために風下の家屋を倒壊させる際、土木仕事での高所作業や、家屋の構造についての知識が生かされたのです。

■定火消しの臥煙

定火消しのもとで消火活動にあたったのが臥煙と呼ばれる者たちです。寝ずの番が火事の知らせを聞くと、丸太を枕にして眠る臥煙たちの枕元を槌《つち》でカンカンと鳴らし、叩き起こされた臥煙は現場へ飛び出して行ったとか。

江戸時代の政務事情⑨

江戸の上下水道

湾に面し、低湿地帯だった江戸は飲料水の確保が困難でした。しかし、幕府はこの課題を乗り越えて、人々に上下水道を行き渡らせたのでした。

井戸端会議

女性１：ねえ、最近何か面白いことあった？
女性２：昨晩、隣の家のご夫婦がもめてたわよ～。
女性１：やっぱり～！　前から怪しいと思ってたのよね～！

困難だった飲料水の確保

江戸湾に面し、埋立地も多い江戸では井戸を掘っても塩水しかとれず、飲料水に向きませんでした。そのため、幕府が開かれてからは上水の整備が急務となります。そこで整備されたのが、神田上水でした。その後、町が拡張し人口が増加すると、幕府はこれに対応するため全長43キロの距離を掘削。玉川上水を開設し、町中に設置された共同の井戸に水を行き渡らせました。

一方、各家庭から出る生活排水は町中の側溝を通り、隅田川や神田川へと流されました。江戸時代、人々の糞尿は下水に流さず肥料として活用されたため、下水はあまり汚くならなかったといいます。

井戸の内部構造

上水は江戸市中の地下に張り巡らされた石樋《いしひ》や木樋《もくひ》を伝い、町の共同水道である上水井戸へ供給されました。井戸は底なしの桶を筒状に積み重ねた形状で、ここに木樋か竹樋《ちくひ》がつなげられ、水が貯まる仕組みです。夏場には井戸替えといって、井戸内部を大掃除しました。

江戸の川がきれいだったワケ

理由① 下水さらい

下水が流れる側溝は定期的な下水さらいによって管理されました。

理由② 川辺のトイレ禁止

幕府は川岸付近などの水洗トイレを禁止。糞尿の活用を推進しました。

理由③ ゴミ止めの杭

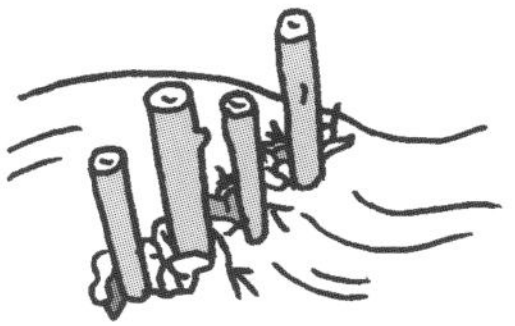

排水溝にはゴミが河川に流れ出るのを防ぐための杭が打ち込まれました。

■「水道橋」の地名の由来

神田上水は江戸市中に送られる途中、神田川の上に渡された水道の橋を通りました。このときの橋が、現在の「水道橋」の名前の由来となっています。

江戸時代の政務事情⑩

江戸の交通事情

自動車や電車のない江戸時代、人々の移動手段は徒歩や船、駕籠などに限られました。現代とはまったく異なる当時の交通事情とは。

江戸のタクシー「猪牙舟《ちょきぶね》」

町人：ヘイ！　そこの猪牙舟！
船頭：ありゃ、なんか面倒くさそうな客だな……無視無視。
町人：おい！　乗船拒否すんのかよー！！

■町人や武士が利用した猪牙舟

江戸時代、人々は徒歩や船、駕籠《かご》などを主な交通手段としました。なかでも町人や武士に人気だったのは猪牙舟《ちょきぶね》といわれる小型の船で、駕籠に乗るよりも速く、川や堀のある場所でよく利用されました。駕籠は、もともと身分の高い人物が乗ることを許されていましたが、第4代・家綱《いえつな》の時代からは町人も利用が可能に。しかし、高価だったこともあり、利用は特別なときに限られていました。

また、第2代・秀忠は、日本橋を起点に各地を結ぶ五街道の整備に取り掛かります。続く第3代・家光《いえみつ》の時代に参勤交代が制度化されて以降、街道は発展を続け、多くの旅行者が利用しました。

江戸の交通手段

猪牙舟（ちょきぶね）

江戸市中の水路でよく見られた船で、船首《せんしゅ》が長く、速く進むのが特徴。町人や武士が利用しました。

駕籠（かご）

速さは徒歩と変わらず、約４キロを１時間ほどで移動。特別な日や病人の外出などで活躍しました。

徒歩

人々の移動手段の基本は徒歩でした。脛《すね》につけている「脚絆《きゃはん》」は、足を保護するためのもの。

街道の機能

宿場

10キロ前後の間隔で配置された宿駅で、街道の拠点。旅人の休憩所として栄えました。

旅籠（はたご）

宿場にある旅行者向け宿泊所。公用以外の武士や庶民などが利用しました。

問屋場（といやば）

公用の荷物などを次の宿場まで運ぶための、伝馬《てんま》や人足を用意する場所。

関所

街道の要所に設けられ、武器の検閲や通行人の取り締まりを行いました。

column

「江戸の三職」とは？

「宵越しの銭は持たぬ」は、その日の稼ぎをその日のうちに使い切る江戸っ子の気前のよさを表した言葉。しかし、実際はある３つの職業に限ったことでした。

大工・左官・鳶《とび》職

江戸の職人のなかでも大工・左官・鳶職の三職は高給とりで花形でした。というのも、江戸では土木関係の仕事の需要が高かったから。

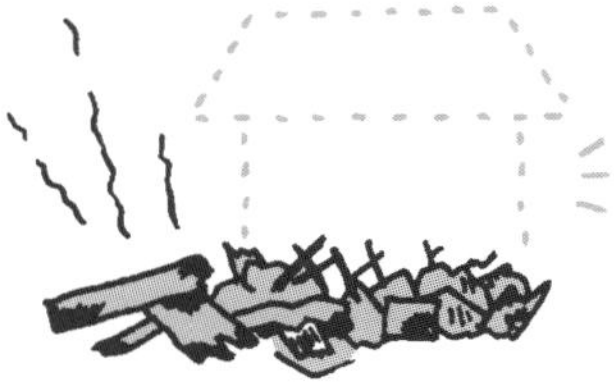

なぜ需要があった？

江戸は火事の多い町で、焼け跡には次々と新しい建物が建てられました。そこで土木関係の職人が必要とされたのです。

貯金も必要なし？

火事が起きれば人手が足りないほど仕事が入り、しかも給料もいい。となれば、三職の「宵越しの銭は持たぬ」気前のよさにも納得です。

大工の給料事情

大工の１日の手間賃は銀6匁ほどでした。1匁を80文とすると、1日で480文稼げたことになり、これは現在の7,920円ほど（1文を16.5円とした場合）。米が4.8升買える程度の金額でした。また、大火の後は仕事の需要が一気に高まるため、手間賃は普段の3～4倍に高騰しました。

【第3章】

江戸の人々の暮らし

活気あふれる江戸の町の中心にいたのは、長屋に暮らす庶民たちでした。住まいやグルメ、ファッションなど、江戸の人々の生活は現代の私たちから見れば不便でも、充実したものだったようです。

江戸の人々の暮らし①

江戸の庶民

宵越しの銭は持たない？

町人：残りの生活費、何に使おう……。
居酒屋の男：おう、そこのにーさん1杯どうよ？
町人：よし。たまには有り金でパーっと酒でも飲むか！

世界的な大都市だった江戸。町地には職人や商人、その家族など約50万人の江戸っ子たちがあふれ、活気ある生活を送っていました。

質素ながら充実していた生活

江戸の人口１００万人のうち、約半数を占めていたのが庶民でした。彼らが暮らしたのは、江戸の14％しかない町地の、人口密度の高い環境。さらに庶民の約70％は、町の裏通りに立ち並んだ裏《うら》長屋《ながや》と呼ばれる家賃の安い家でひしめき合って暮らしていました。

現代の私たちからすると、彼らの生活はとても質素です。しかし、ときには居酒屋や屋台で買い食いを楽しんだり、寄席《よせ》や芝居に出かけたり、四季の行楽に出かけたり。江戸時代中期以降になると、庶民の間でも旅行が人気になるなど、その生活ぶりはさまざまな文化や娯楽に彩られていました。

とある行商人の1日

裏長屋に妻子と一緒に住む、とある行商人・棒《ぼう》手《て》振《ふ》りの1日を覗き見。

ふわ〜
チュン
チュン

夜明けの約30分前、明け六つの鐘が鳴ると、町の人々は活動を開始します。棒手振りは、早朝に身支度を済ませると夜明けとともに市場へと出発。

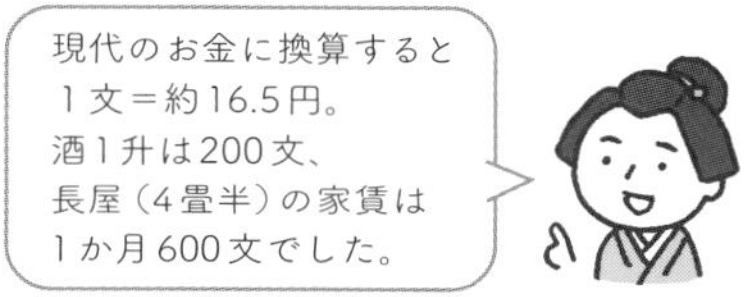
現代のお金に換算すると
1文＝約16.5円。
酒1升は200文、
長屋（4畳半）の家賃は
1か月600文でした。

市場に着くと、商品となるかぶや大根、蓮根、芋などを仕入れ、持参した籠《かご》に入れます。江戸では、神田・駒込・千住の市場が三大青物市場と呼ばれました。

かぶらなめせ〜

仕入れた商品をかつぎ、「かぶらなめせ、大根はいかに、蓮《はす》も候《そうろう》、芋や芋や」などと掛け声をあげながら、日が傾くまで1日かけて野菜を売り歩きます。

ハア〜
とーちゃん
こづかい

仕事を終えて帰宅。1日の売り上げは翌日の仕入れ代と日割りの家賃、米や調味料を買うお金、子どものお菓子代などに消え、100〜200文が手元に残りました。

【マメ知識】
夏は19 時頃、冬は17時頃の日の入りとともに帰宅し、就寝します。

江戸の人々の暮らし②

長屋の暮らし

江戸の町の表通り沿いから、木戸をくぐって路地に進むと、両脇にはいくつもの住戸が連なる裏長屋が。庶民はこの集合住宅で生活していました。

またやってるよ……

右隣：△□×○ー！　てやんでいっ!!
左隣：このすっとこどっこい！　△□×◇!!
男性：う〜ん……最近うまくいってないのかしら。

住人同士、気心の知れた間柄

江戸の町地に暮らす庶民の約70％は、裏長屋《うらながや》という集合住宅に住んでいました。この住居の特徴は、1棟の縦長の建物を数戸の家に区切っていることと、各戸の壁がとても薄く、近隣の家の物音や話し声がよく聞こえていたこと。また、部屋の広さは狭いもので「九尺《くしゃく》二間《にけん》」といわれ、間口が九尺（約2・7メートル）、奥行きが二間（約3・6メートル）しかなく、小さな土間と台所、4畳半のひと部屋のみでした。洗濯や水汲みに使われた井戸やトイレ、ゴミ捨て場を共同で使用していたことから、裏長屋では住人同士がとても近い距離感で暮らしていたことが想像できます。

長屋の全体像

さまざまな人々が共同生活を送る長屋。
長屋の路地には住人のほか、行商人や外からの訪問者も出入りしました。

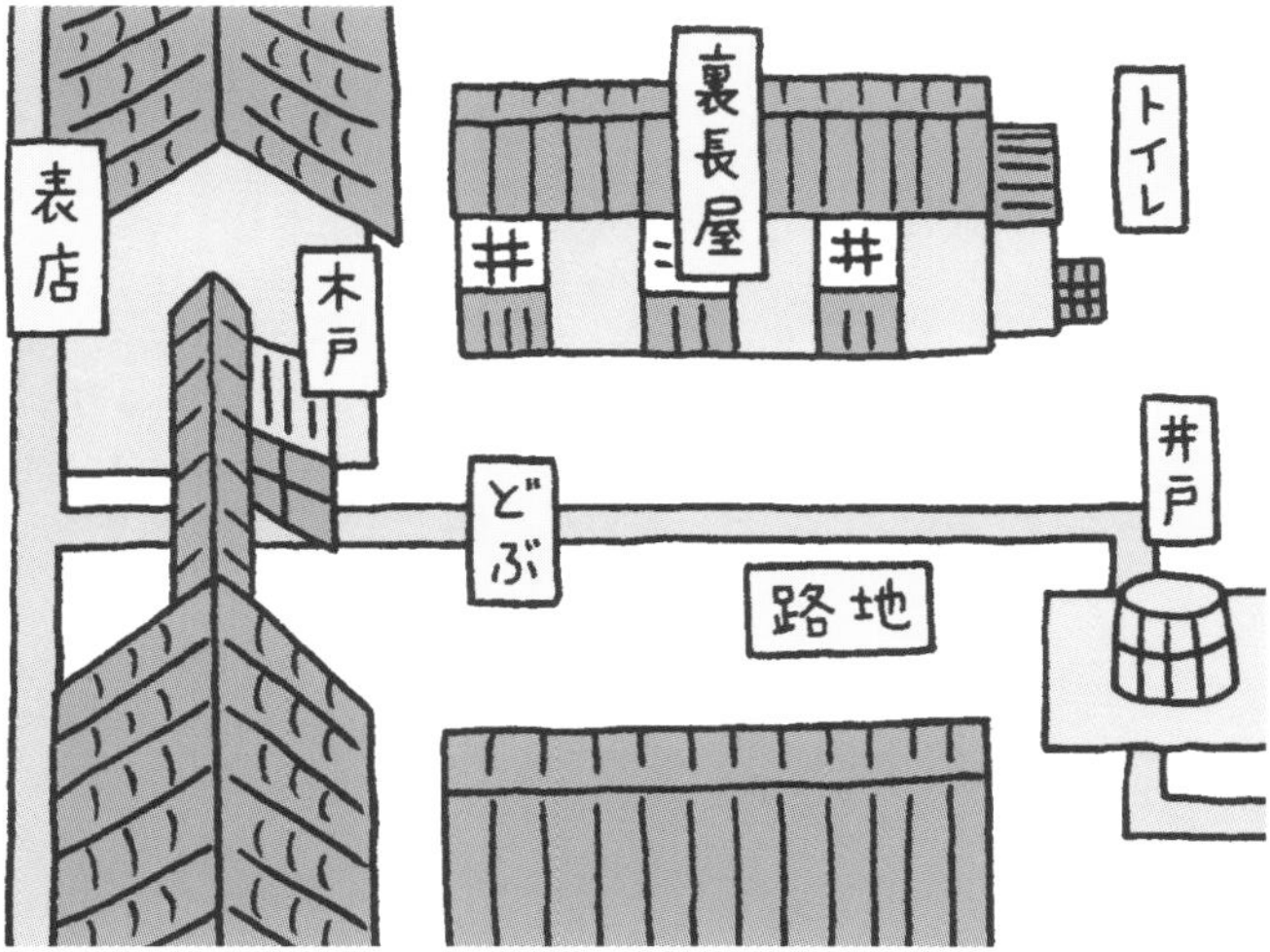

■木戸

裏長屋の入り口には木戸が設けられ、門限は22時頃でした。門には「尺八指南」など、長屋で営業する住人の職業が書かれた木札が掛かっていました。

■路地

行商の棒手振《ぼうてふ》りが路地まで商売に来るため、住人は自宅前で食材の調達も可能。朝一番に納豆売りやあさり売りがやって来ては、その売り声を響かせました。

■表店（おもてだな）

表通りに面した2階建の商店兼住居を表店といい、これに対して裏長屋は裏店《うらだな》と呼ばれていました。表店には裕福な商人や一部の職人などが暮らしました。

長屋の部屋の間取り

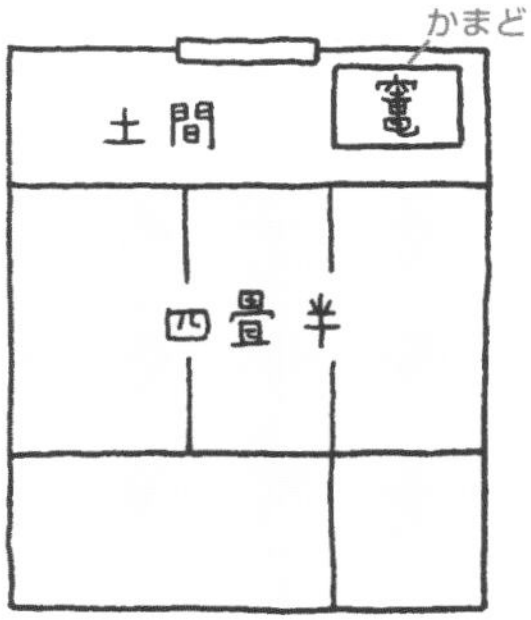

図は「九尺二間」の住戸の場合。ほかに8畳や10畳の部屋があるものや2階建もあり、家族の人数に合った部屋を選びました。芸事の先生や医者などは2階を住居とし、1階で営業していました。

長屋の室内と台所

**比較的安い賃料で住めた裏長屋ですが、実際の住み心地はいかに。
一般的な部屋の間取りを見てみましょう。**

単身者の部屋

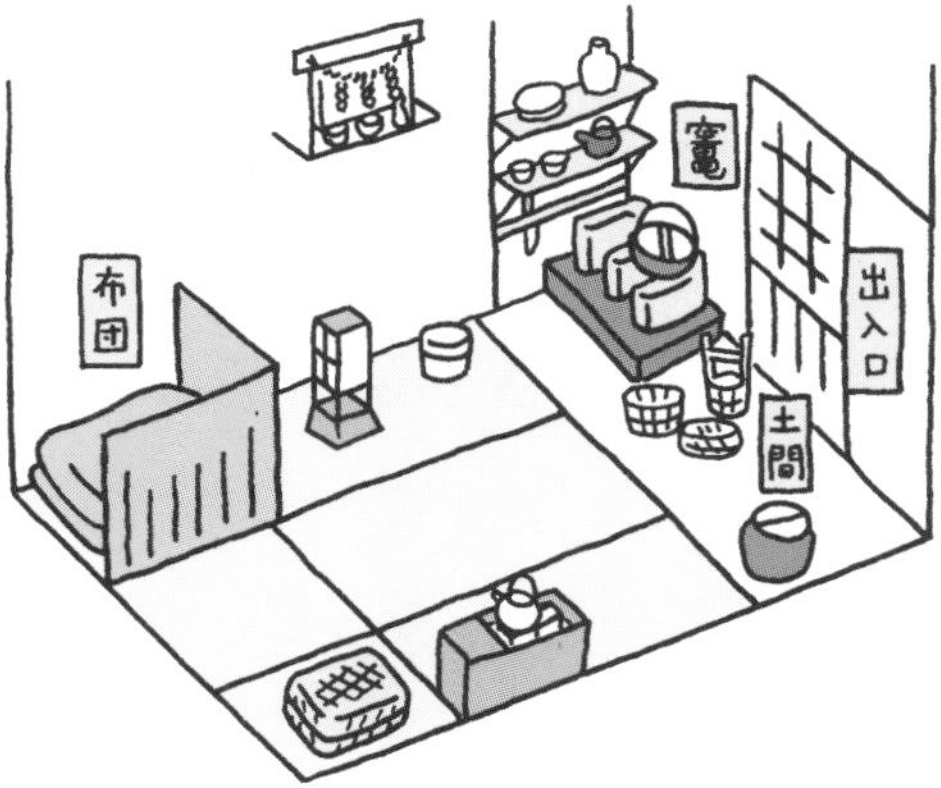

「九尺二間」に住む、とある単身者の部屋。最低限の荷物しかなく、台所は竈《かまど》や簡素な棚があるのみで押入れなどの収納はありません。食事をとるのも寝るのも同じ4畳半のスペース。布団などの寝具は小さく畳んで隠してあります。

2～3人世帯の台所

台所には「へっつい」と呼ばれる竈があり、ここで煮炊きしました。七輪《しちりん》があれば屋外で魚を焼くことも。流しは浅く、簡単な調理に使用しました。

■魚は屋外でさばく!?

長屋の台所は狭かったため、共同井戸で魚をさばきました。また、路地で行商の魚屋から魚を買った際は、魚屋がその場でさばいてくれました。

長屋の共有スペース

毎日使う井戸やトイレは共同で、皆が顔見知り。
必然的に顔を合わせることも多く、近所付き合いも盛んでした。

【「井戸端会議」の由来】井戸

長屋の家に上水道は通っておらず、水を使うときは共同井戸を使いました。水汲みや洗濯のほか、食材の調理場としても使われ、「井戸端会議」という言葉も生まれたほど、井戸のまわりは住人の交流の場でもありました。

【公共性が高かった】トイレ

トイレは男女の区別なく使用されていました。戸は上半分が大胆に開いているスタイル。糞尿は肥料として回収され、大家さんの収入源となりました。

江戸の庶民の三度の食事

食事は１日３食。米や野菜、魚などが中心で、肉食は禁忌とされていました。とある江戸の庶民の献立をご紹介します。

朝食

- 炊きたてのご飯
- わかめの汁
- 漬物　・八杯豆腐

朝に炊いたご飯と汁、漬物のほかにおかずが1、2品。八杯豆腐は人気のお惣菜でした。

昼食

- 残りの冷やご飯
- めざしいわし

朝の残りの冷やご飯をおかずと一緒に食べます。おかずは行商人や惣菜屋から買うことも。

夕食

- 残りの冷やご飯の茶漬け
- 漬物

お茶を淹れ、冷やご飯にかけた茶漬けと漬物が一般的。夕食は簡単に済ませました。

■食器は滅多に洗わない!?

現代では大変な家事のひとつでもある食器洗い。なんと、江戸時代の人々は滅多にせず、普段は空の椀に白湯やお茶を回しかけ、それを飲み干して済ませていました。

暮らしの道具

物が少なくコンパクトな長屋の暮らしですが、
それでも欠かせなかった暮らしの道具がいくつかありました。

■ 行灯（あんどん）

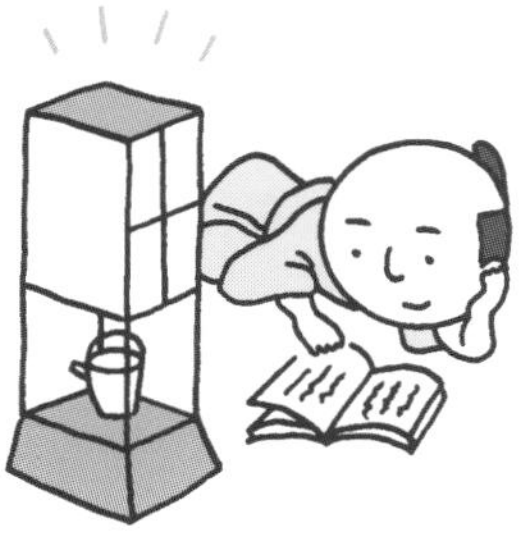

照明器具。和紙で囲われた中にある火皿に点火して使用します。燃料の油は行商人が量り売りしました。

■ 火鉢

江戸時代の冬は寒く、暖房器具の火鉢が大活躍。やかんで湯を沸かしたり、鍋を煮込んだりもしました。

■ 房楊枝（ふさようじ）

江戸時代の歯ブラシ。細く削った木の先端を煮て柔らかくし、叩いてブラシ状にしてあります。

■ 箱膳

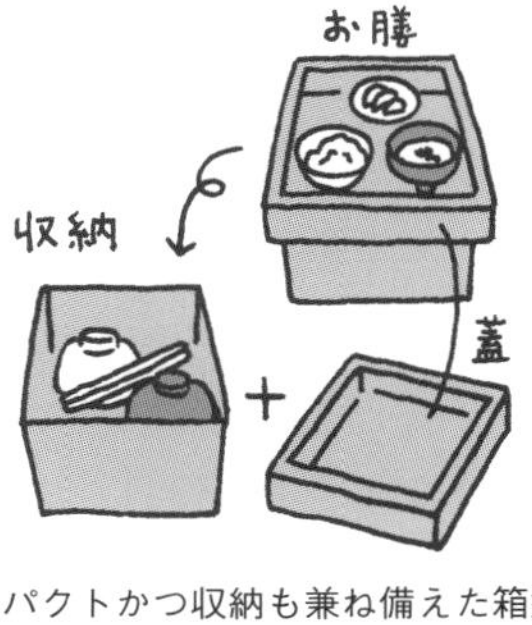

コンパクトかつ収納も兼ね備えた箱型のお膳で、ひとり1台を使用。裏返した蓋の上で食事をとります。

■歯磨き粉は香料つきもあった！

江戸で人気を博した歯磨き粉（磨き砂）といえば、房総半島で採れた砂を精製した「房《ぼう》州砂《しゅうずな》」でした。なかには香りつきの磨き砂まで販売されていました。

江戸の人々の暮らし③

江戸のグルメ

人口の多い江戸は食の需要が高く、幕府がその数を抑制しようとするほど食べ物屋が多くありました。また、江戸っ子ならではの食文化も。

そこまでする？

男性：今年の初鰹、1両かけてゲット～♪
町人1：えっ！　1両って……。
町人2：くーっ。やるねえ！（※1両＝現在の約6万6,000円）

人口増加と食の発展

江戸時代、「食の都」は都市の繁栄とともに京都から大坂、江戸へと移り変わりました。18世紀前半の人口を比較すると、江戸が100万人、京都が40～45万人、大坂が40万人と3都の繁栄ぶりがうかがえます。なかでも大都市・江戸は人々の食をまかなうため、市場にさまざまな食材が集結し、町の外食産業も発展を遂げていきました。単身男性が多く住んでいたため、屋台グルメや居酒屋など、外食の需要が高かったのです。また、「明石の鯛《たい》」などの名産品や、その季節の最初にとれた旬の食材を食べる「初物《はつもの》食い」が好まれるなど、食へのこだわりもありました。

グルメのこだわり

江戸の庶民の舌はなかなかに肥えており、
旬の食材や、各地のおいしい食べ物を楽しむ豊かな食文化がありました。

初物食い

初物を食べることで、75日長生きするといわれていました。とくに天明《てんめい》期の江戸では、無理をして高額な料金を支払ってでも初鰹を食べるという、見栄っ張りな江戸っ子ならではのエピソードが伝えられています。

初夏の風物詩を詠んだ山口《やまぐち》素《そ》堂《どう》の有名な句にも初物の「初鰹」が。

「江戸前」ブランドの誕生

握り寿司といえば江戸湾で獲れた「江戸前」、大根は「練馬大根」というように産地のブランド志向も進んでいました。

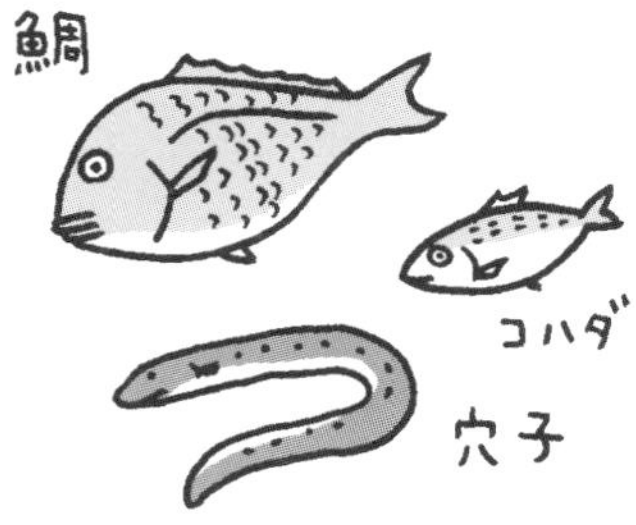

各地の名産品

日本各地の名産品をテーマにした番付表がつくられたこともありました。庶民の食に対する関心の高さを思わせます。

- 陸奥国の松前《まつまえ》昆布
- 土佐国の鰹節
- 紀伊国の蜜柑《みかん》、鯨《くじら》
- 尾張国の大根
- 近江国の源五郎鮒《げんごろうぶな》
- 日向国の椎茸
- 伊予国の牛蒡《ごぼう》

などが有名。

江戸の外食① 屋台

江戸で特に賑わいを見せたのは盛り場や名所、寺社の門前。こうした人が多く集まる場所には多種多様な屋台が出店し、人々は立ち食いを楽しみました。

※現代のお金に換算すると１文＝16.5円

握り寿司

文政《ぶんせい》期にできたとされる握り寿司は現在の寿司1貫の2～3倍の大きさがありました。値段は4～8文程度と手頃で、ネタはコハダ、白魚、卵焼きなど。人気の屋台でした。

蕎麦

江戸の庶民がよく食べていた蕎麦は屋台でも売られていました。かけ蕎麦は16文。屋台は肩に担いで運ぶスタイルです。夜間に売り歩くものを夜鷹《よたか》蕎麦といいました。

天ぷら

油を使う天ぷらは火事の恐れがあるため、屋内での営業は禁止でした。屋台では串に刺さった穴子、コハダ、芝海老などの天ぷらを大根おろしと天つゆで食べました。

四文屋（しもんや）

その名の通り、4文均一というリーズナブルな価格でさまざまな食べ物を売る屋台。大皿に、焼き豆腐やこんにゃくの煮たものなどを串に刺した状態で売っていました。

江戸の外食②　居酒屋

庶民の間でも酒はよく飲まれていました。気の合う仲間同士、居酒屋で楽しげに宴会を開く様子は、現在と大きく変わりません。

下級武士も利用した居酒屋

酒屋が店先で酒を飲ませ、ちょっとした肴《さかな》も出すようになったのが始まりで、江戸後期には簡単な食事や魚の煮物などの肴、お酒を楽しめる居酒屋が定着しました。店内は座敷や上がり框《かまち》に座るスタイル。下級武士は自分の屋敷に仲間を招いて酒盛りを開くほか、居酒屋で酒を飲むこともありました。

酒の肴

元文《げんぶん》年間頃には、酒屋の豊島屋《としまや》が売り出した格安の肴・豆腐田楽がヒットして人気店に。ほかにも、各店では魚や芋の煮物などを酒の肴として出しました。

冷やから燗酒へ

清酒の普及に伴って燗酒が飲まれるように。寒い季節に好まれました。チロリと呼ばれる金属製の容器に酒を入れ、これを湯で温めてつくりました。

■酒は「下り酒」

酒といえば上方でつくられた「下り酒」がよいとされ、年間100万樽以上が江戸に入荷されました。新酒の入荷は、その到着の速さを競い合う華やかなイベントにもなるほど。特に人気を集めたのは摂津国の伊丹《いたみ》や灘《なだ》の酒でした。

江戸の外食③　高級料亭

食文化は発展を続け、次第に上級武士や文人が利用する高級料亭が現れました。なかでも江戸で高い評価を受けていた2軒をピックアップして紹介。

浅草　八百善

江戸の有名店として外せないのが「八百善《やおぜん》」で、店の主人は江戸一の料理人ともいわれました。店に通った客のなかには一流の文化人もいます。また、八百善の主人によって献立を紹介した『江戸流行料理通』という本が出版され、これが人々の間で評判を呼びました。

深川　平清

深川で有名だったのは「平清《ひらせい》」で、敷地内に浴場を備えた料亭でした。客はここで入浴後、料理を楽しんだといいます。また、店の名物は会席料理の最後に出されたという鯛の潮汁《うしおじる》でした。潮汁とは、魚介を煮出し、塩だけで味付けした吸い物のことです。

■長く愛される老舗

八百善は現在も営業を続ける老舗。神田の寿司店「笹巻けぬきすし総本店」や、根岸の豆腐料理店「笹乃雪」、両国のしし鍋の店「もゝんじや」なども江戸時代創業の老舗です。

江戸のグルメ本

識字率が高かった江戸時代。出版文化の発展により、庶民を含めた人々は本を通して食に関するさまざまな情報を得ることができました。

料理本のベストセラー

実用的な料理書が発行され始めた江戸時代に一般向けの料理本が誕生します。なかでも豆腐料理100種を紹介した『豆腐百珍《とうふひゃくちん》』はベストセラーに。『甘藷《かんしょ》百珍』や『蒟蒻《こんにゃく》百珍』も発売されました。

ガイドブックもあった！

1824年、大坂で『江戸《えど》買物《かいもの》独《ひとり》案内《あんない》』が出版されました。江戸の繁華街で使えるガイドブックで、業種ごとに有名店を紹介しています。これの別冊・飲食店の部には、601軒もの掲載がありました。

■江戸の大食い

江戸時代にも大食いはいました。ある料理茶屋での大食い大会では饅頭50個と羊羹7棹《さお》、薄皮餅30個、茶19杯を平らげた者や、ご飯を54杯食べた者、唐辛子を58本食べた者がいたという記録が。

江戸のおしゃれ

ファッションリーダー

女性１：この歌舞伎役者の髪形、すてき！
女性２：どれどれ？　見せて見せてー。
女性１：これは絶対流行る。真似しよーっ。

身分制度による衣装の規制があった江戸時代ですが、人々は工夫を凝らしながらファッションや髪型、化粧などのおしゃれを楽しんでいました。

流行を生み出したスター

身分社会だった江戸時代。髪形や服装から身分や職業、年齢がわかりました。例えば、大奥の奥女中の髪型は独特で、すぐに見分けがついたといいます。そういった制約があるなかで、人々は男女ともに多彩な髪形や服装を楽しみ、現代でいうファッションリーダーのような存在もいました。それが歌舞伎役者や遊女などです。人々は彼らのスタイルを手本におしゃれを楽しみ、さまざまな流行も生まれました。特に女性の日本髪のバリエーションは数百にのぼるとされ、時代とともに自分で結うことが困難になるほど複雑化。女性専用の美容師・女髪結《かみゆい》が誕生したほどでした。

江戸で流行したヘアスタイル

時代劇でよく目にする日本髪と丁髷（ちょんまげ）。
あのなんとも不思議な髪型には、おしゃれへのこだわりが詰まっています。

女性の日本髪

日本髪は前髪、鬢《びん》、髱《たぼ》、髷《まげ》の4つの部位からなり、鬢付け油で固めました。洗髪は月に１～２回ほど。

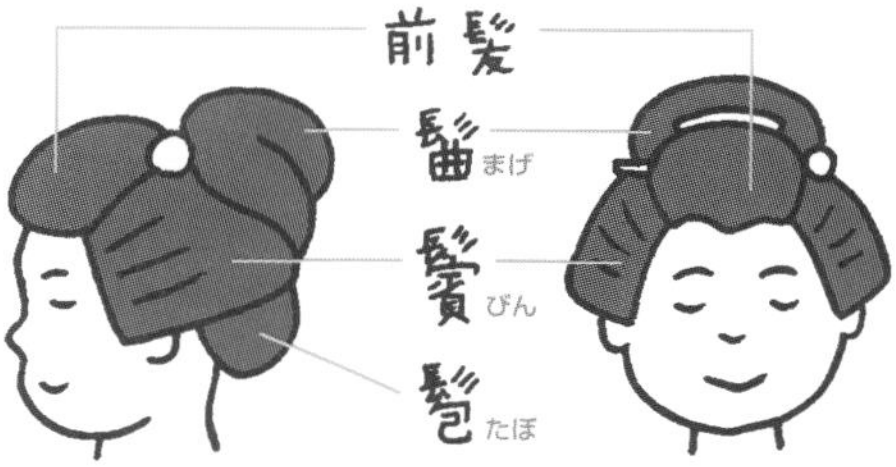

■流行した「島田髷」

当時流行した島田髷《しまだまげ》の「灯籠鬢《とうろうびん》」スタイル。鬢の毛筋が透けて見えます。

■ヘアアクセサリー

髪を梳《す》いたり、束ねる道具だった簪《かんざし》や櫛、笄《こうがい》を髪飾りとしていました。

男性の丁髷

もとは武士の髪形だった丁髷ですが、江戸時代からは、庶民も額から頭頂部にかけて半月形に剃り上げる「月代《さかやき》」スタイルに。剃る幅や角度によって丁髷にも種類がありました。基本的に月代や髭《ひげ》は髪結床《かみゆいどこ》で剃ります。

■江戸のヘアスタイリスト・髪結

男性の月代や髭を剃る髪結には、自宅営業の「内床《うちどこ》」、屋外の小屋で営業する「出床《でどこ》」、出張型の「廻《まわ》り髪結い（「場所廻り《ばしょまわ》り」）」がありました。人気髪結もいて、長い時間順番待ちをする客も。複雑化する女性の日本髪に対応する女髪結は、江戸中期から現れました。

基本のファッション

江戸っ子たちは、定番のファッションのなかにも
「粋」や「いなせ」なスタイルを取り入れていました。

江戸っ子の定番スタイル

■町娘スタイル

女性や商家の店員は袖口の狭い小袖《こそで》を着用。細かい模様が特徴の「小紋《こもん》」柄が流行しました。帯の結び方は多種多様で、化政《かせい》期の頃から体の後ろで結ぶのが主流に。

■職人スタイル

小袖では仕事ができないため、職人は襟や背に屋号や家紋を染め抜いた「印《しるし》半纏《ばんてん》」を着ました。半纏の下は腹掛と股引。スリムに着こなすのが「いなせ」でカッコよかったとか。

庶民の味方・古着屋

庶民は新品の衣服を買う財力がなく、古着を着ていました。神田川南岸沿いの柳原《やなぎわら》の土手が古着屋街として有名でした。

高級大店・呉服屋

越後屋《えちごや》、大丸《だいまる》などが有名。反物《たんもの》という布を販売し、客ごとに着物をあつらえました。顧客は上級武士や財力のある農家、遊女など。

■着物のお手入れ

着物は基本的に、ほどいて反物の状態に戻し、灰汁や米のとぎ汁を使って手や足で揉み洗いしました。乾いたら再び仕立て直すという大変な作業を行っていたのです。また、着物は高価なため、擦れたら継ぎあてをして大切に着続けました。

流行りのデザイン

「路考結び」や「團十郎茶」は、歌舞伎役者の着こなしが
庶民の間に広まった、流行のスタイルでした。

■路考《ろこう》結び

ファッションリーダーとしても人気を誇った歌舞伎女形の瀬川《せがわ》路考《ろこう》（二代目菊之丞《きくのじょう》）が、舞台で採り入れた帯の結び方。

■團十郎茶

歌舞伎俳優の市川團十郎が舞台で着用した大紋の染め色で、その赤みがかった薄茶色が大流行しました。

帯の結び方いろいろ

大きな結び目がチャームポイントの帯。バリエーションも豊富でした。

吉弥《きちや》結び

立《たて》結び

島原結び

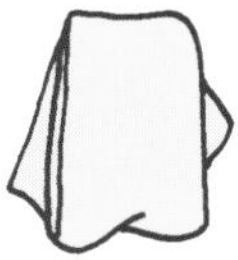

一つ結び

■江戸のメイクアップ

女性たちは白粉《おしろい》でベースを塗り、眉墨《まゆずみ》で眉を引き、紅で口や頬を華やかにしました。スキンケアには化粧水や糠《ぬか》も使用。こうした化粧品は庶民の間にも広まり、白粉や紅にはブランド品も生まれました。また、江戸では薄化粧が上品でよいとされていました。

江戸の人々の暮らし⑤

江戸のお風呂事情

江戸の湯屋は大人気。文化年間には６００軒以上も立ち並んでいました。男女混浴が普通という、現代とは異なるお風呂文化がありました。

お風呂は１日２回！

女性：ちよさん、またお会いしましたね。
ちよさん：あら。坊ちゃん、また大きくなった？
女性：今朝と変わりありませんよ。

身分を超えた裸の社交場

日本人のお風呂好きは、江戸時代から脈々と続いています。湿潤な気候に、砂埃が舞う江戸の町。肌に張り付いた埃をすぐ洗い落とせる湯屋は、いつも大盛況でした。おおよそ朝と夕の1日2回、お風呂に浸かる習慣があったそう。火事の恐れや水汲みが大変だったことから、庶民の自宅はもちろん、多くの武家屋敷にもお風呂はありませんでした。入浴料は６～８文（現在の約99～１３２円）。常連客は入浴フリーパスの「羽書《はがき》」（月々１４８文）を使っていました。決して安い入浴料ではないにも関わらず、皆が足しげく湯屋に通ったのは身なりに気を遣い、きれい好きな江戸っ子ならではの姿でした。

湯屋の内側と作法

今とは違う銭湯の仕組み。
お風呂好きの江戸っ子には独特なルールもあったとか。

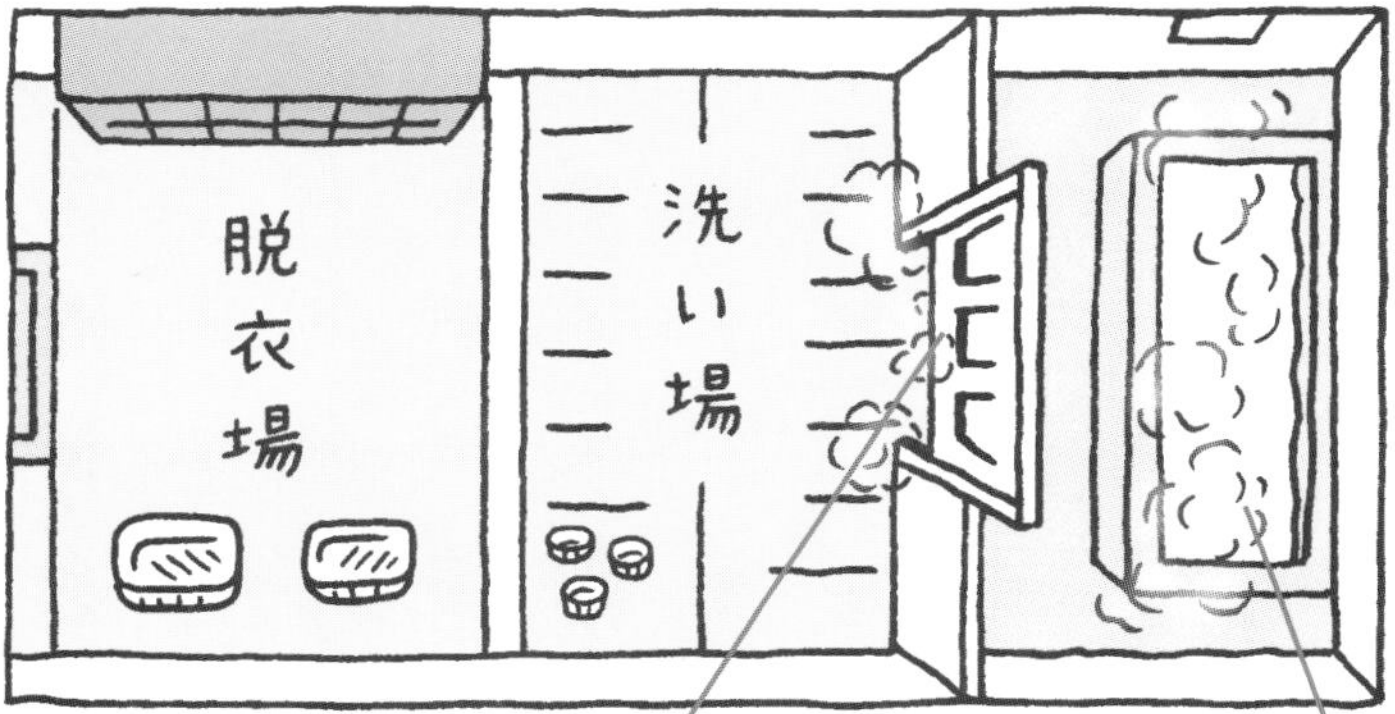

柘榴口《ざくろぐち》

浅い浴槽で湯気に蒸される蒸し風呂が一般的。湯気を逃さないように屈んで入る、柘榴口と呼ばれる仕切りが置かれました。（右ページイラストの奥にあるのが柘榴口）

浴槽

浴槽は湯気で視界が悪いため、先客に触れてしまうことも。「枝（手足）がさわります」など一言断り文句が必要でした。

女性の必須アイテム

常連専用の高級桶・留桶《とめおけ》と、体をこするための糠袋《ぬかぶくろ》（もち米の糠入り）は必需品。湯上り後は、浴衣を羽織りました。

2階は男の社交場に

もともと武士の刀などを預けていた湯屋の2階が次第に庶民にも解放され、武士と庶民による身分を超えた交流が行われるようになりました。

江戸の人々の暮らし⑥

江戸の医療

江戸時代、医者になるのに国家試験を受ける必要はありませんでした。本を読んだだけの医療未経験なヤブ医者が出てきたり、玉石混交な状況に。

医者2,500人時代

医者：どれどれ……ひとまず、脈を診てみましょう。
患者：……先生、どうですか？
易者：ジャラジャラ……大丈夫、治りますよ。

江戸の診療事情はいかに？

有名な医者のもとで修業するのがスタンダードでしたが、看板を掲げれば誰でも簡単になれてしまうため、ヤブ医者も多くいました。１８２０年には、１００万人都市・江戸の医者の数は２５００人を超えました。当時の町医者は、薬を調合する漢方医学者が大半で、患者の顔色や脈を見て診断をしました。隣には病状の回復を占う易《えき》者《しゃ》がいることも。易術は医術と結びつけられていたのです。ただ、このようなスタイルの診察はかなり高額でした。人々はヤブ医者に当たってお金を無駄にしないためにも、多くの患者を診ている、信頼のできる町医者のもとに集まりました。

医者は庶民の味方？

医者の数は多くても、診療の際に高額な費用がかかるため、
実際にかかれる人はわずかでした。

薬は行商人から

庶民は行商人が扱う安価な売薬に頼りました。現代でも売られている富山の「反魂丹《はんごんたん》」などの和漢薬が有名でした。

蓬の葉は万能薬だった

お灸に使う艾《もぐさ》は蓬《よもぎ》からつくられています。当時、蓬は万病に効果があるとされ、煎じて飲んだり、薬として食べられました。

赤ひげ先生現る

黒澤明監督の映画『赤ひげ』に登場する「赤ひげ先生」のモデルになった小川《おがわ》笙船《しょうせん》は、貧しい人を安い料金で診察しました。1722年には、笙船の目安箱への投書がきっかけで、無料の医療施設「小石川養生所《こいしかわようじょうしょ》」が開設。幕末までの140年余り、貧困者の救済活動が続けられました。

江戸の人々の暮らし⑦

江戸の教育

世界的にも高い識字率を誇っていたという江戸時代の子どもたち。寺子屋に通い、どのような教育を受けていたのでしょうか？

江戸を支えた教育法

先生：ここはこう書いて……。
太郎：へへへ～！　へったくそな字～！
先生：こら太郎！　あんたは廊下に立ってなさい！

■江戸文化発展の鍵は寺子屋だった

現在の小学校にあたる寺子屋には、庶民の子のほとんどが通っていました。一般的には男女共学で、年齢や身分、親の職業もバラバラ。「師匠」と呼ばれた先生は、僧侶から浪人、医者まで、男女ともに存在しました。寺子屋でもっとも重視された教育は、読み書きです。師匠が子どもの状況に合わせて手本を渡し、いろはや数字などを書き写させ、3～4年かけて習得させます。また、商人の子にはそろばん、女の子には裁縫など、子どもによって学習内容を変えることもありました。このような教育の場が庶民の学力・教養を向上させ、江戸文化が花開く下地となったのです。

寺子屋ってどんなところ？

全国で1万5,000軒以上あった寺子屋。江戸には1,500軒あったとか。
どのような授業が行われていたのでしょうか。

◇寺子屋入学要綱◇

条件：誰でもOK！　およそ6～7歳時に入学
期間：長くて奉公に出る11～12歳まで
時間：8時～12時。年長は14時まで
場所：寺院、神社、民家など
人数：10～30人ほど
礼金：家庭の経済状況に応じた金額で支払い
給食：なし。自宅でとること

■ 教科書は多種多様

往来物《おうらいもの》と呼ばれるテキストを使いました。初歩的な知識を扱うものから、生物学や商売人向けのものまで多岐に渡りました。

■ 廊下に立たされる!?

「師匠の言うことは守る」「悪口や噂話をしない」などの校則がありました。破ると居残りや廊下に立たされるなどのお仕置きも。

■ 私塾に進学する者も

儒学者や蘭学者など学者が開いた私塾では、多くの有能な人材を輩出しました。寺子屋からも10人に1人の割合で進学しました。

江戸の物流

各地の食料や酒、材木などの物資は主に海路で江戸へ運ばれました。日本橋周辺の河岸に荷揚げされた物資は、問屋を通して人々に行き渡ります。

産地はどこ？

飯屋の男性：こちら江戸前の魚に練馬の大根、灘の酒です。
客の男性：さすが、わかってるねえ。
飯屋の男性：うちは産地にこだわってますから。

航路の開拓と発展

当時、大量の物資を輸送したのは大型の船舶でした。主要な海路は、酒田《さかた》（現在の山形県）から日本海側を通って大坂に至る西廻《にしまわ》り航路と、太平洋側を通って江戸へ至る東廻《ひがしまわ》り航路で、どちらも河《かわ》村瑞賢《むらずいけん》によって開かれ発展を遂げます。天下の台所とも呼ばれた大坂と大消費地・江戸間には定期的に廻船《かいせん》が運航し、物流はますます活発に。

江戸にもたらされた大量の物資は隅田川の河口付近や市中の水路を通って日本橋周辺の河岸《かし》へ続々と荷揚げされました。河岸には蔵が立ち並び、その向かいの通りの店舗では物資の販売が行われ、賑わいを見せていました。

物資を運んだ航路

まだ鉄道が存在しなかった江戸時代、
２つの主要な海路が各地の港を結び、全国的な物流を支えました。

西廻り航路と東廻り航路

西廻り航路は酒田（現在の山形県）を起点に、日本海側の諸港を巡りながら大坂までを結びました。東廻り航路は酒田から太平洋側沿いに奥羽《おうう》地方の諸港を経由し、江戸に至ります。また、大坂―江戸間を結ぶ南航路もありました。

物資は海から河岸へ

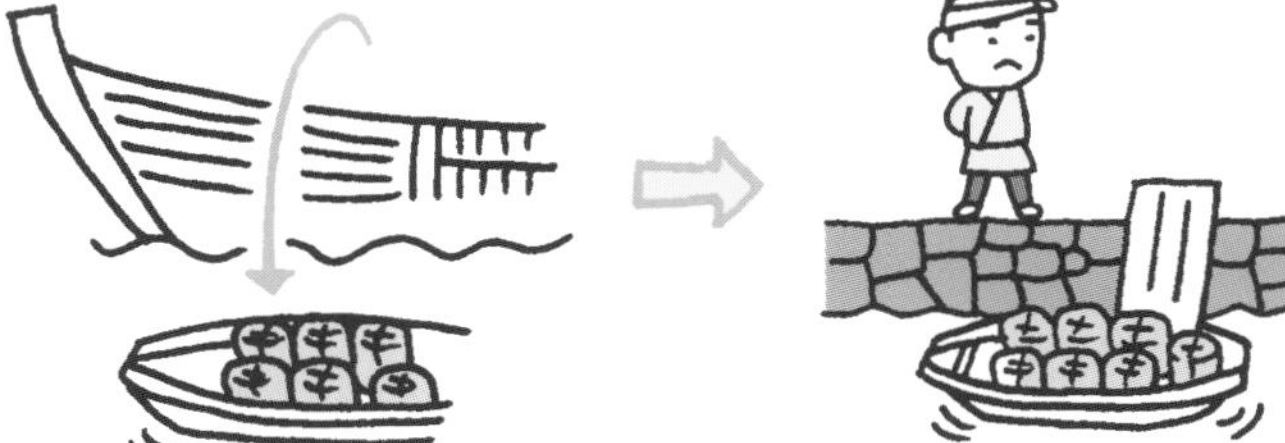

江戸へ運ばれてくる物資は江戸湊《みなと》で小型の船へと移し替えられ、江戸市中に張り巡らされた水路を進み、川沿いに設けられた河岸へと荷揚げされました。

日本橋の魚市場

日本橋川には多くの河岸があり、物資が集結していました。
なかでも魚河岸は江戸でもっとも賑わいを見せた市場のひとつでした。

その活況ぶりは1日に1,000両ものお金が動くといわれたほど。1853年には516人もの仲買《なかがい》が商売をしていました。近海の魚介類が毎朝ここへ陸揚げされ、問屋《とんや》から仲買、そして小売や棒手振《ぼうてふ》りへと流通し、消費者に届けられました。

■腐らないうちに

江戸前の魚は新鮮なうちに売りさばくのがポイント。魚売りの棒手振りは早朝に魚を仕入れると、足早に町を回っては威勢よく売り声をあげました。

■江戸近海の鮪《まぐろ》

大きな鮪は2人がかりで運びました。もともと鮪は不人気でしたが、江戸後期に醤油漬けの「づけ」の握り寿司が登場すると一般化しました。

そのほかの流通

日本橋の魚河岸のほかにも、江戸市中には流通の拠点である河岸が約70もありました。また、野菜を扱う青物市場も江戸各所にありました。

主な河岸

江戸に入る物資のうち、酒は隅田川近くの新川《しんかわ》の河岸へ、米と塩は伊勢《いせ》町《ちょう》の河岸へ、需要が高く大量に運ばれてくる材木は深川の木場に集められました。

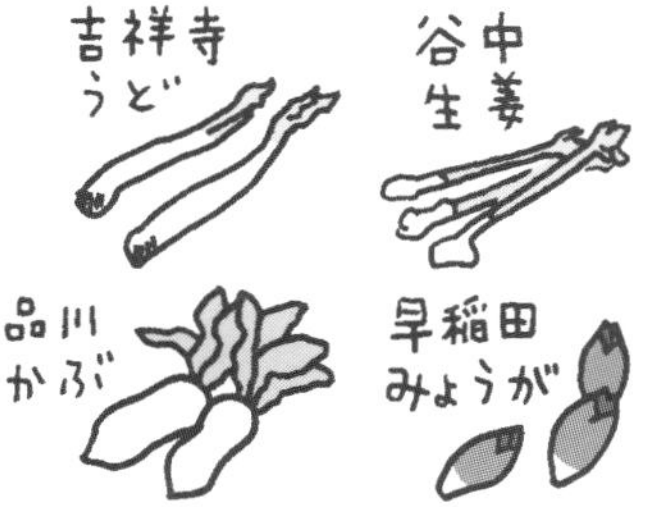

青物市場

江戸で食べられた野菜は主に近郊の農家で採れたものでした。神田や千住、駒込など各地の青物市場に野菜や鶏卵、果物が並び、棒手振りや八百屋が仕入れ、人々に届けました。

■江戸の配達業・飛脚《ひきゃく》

幕府の公文書を江戸から京都まで届けた継飛脚《つぎびきゃく》は、全長約500キロの距離を、複数人で交代しながら最速68時間で歩ききりました。文書のやりとりは主に飛脚が担っていたのです。一方、江戸時代後期には、江戸市中で配達を行う町飛脚《まちびきゃく》が誕生。箱に書状を入れて担ぎ、町を駆けました。料金も約15.7キロ四方内であれば24～32文（現在の約396～528円）程度で、庶民も利用できる金額でした。

人生の節目

子どもの成長や成人、結婚、そして葬儀まで、江戸時代の人々は、人生の節目をどのような思いで過ごしていたのでしょうか。

7歳のお祝い

おじいさん：ううっ、とうとう、7歳に……。
母親：大げさねえ〜。お父さん、何も泣かなくても……。
おじいさん：今日は鯛を食べてお祝いじゃ！

いろいろな儀礼

一生のうち、誕生や成人、結婚、死などの節目には、古来より儀礼が執り行われてきました。江戸時代の人々は、こうした節目をどのように過ごしたのでしょうか。儀礼の様子から、当時の社会や文化のあり方を知ることができます。

例えば、乳幼児の死亡率が高かった江戸時代、子どもの成長を願う儀式やお祝いがいくつもありました。また、階級や家柄によって結婚相手が決まったり、社会的立場の違いから男女で結婚の時期が異なったりすることも。葬儀の方法においても、寺請《てらうけ》制度といった政策のもとで、宗教的な制約がありました。

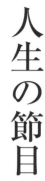

幼少期〜成人までの儀式

乳幼児の死亡率がまだ高かった江戸時代。子どもの成長は
何よりの喜びであり、それを祝う七五三の儀式が確立されました。

七五三

髪置　袴着　帯解

子どもの成長を祝う儀式。江戸時代には、3歳のときに男女ともに髪を伸ばしはじめる「髪置《かみおき》」をし、男子は5歳で初めて袴を着る「袴着《はかまぎ》」で、女子は7歳で初めて大人の帯を巻く「帯解《おびとき》」でお祝いしました。

元服

男子の成人の儀式。15〜17歳前後になると、前髪を落として月代《さかやき》を剃り、幼名から大人の名前に変えます。

お歯黒

上流階級の女子が成人の際に歯を黒く塗る儀式でしたが、江戸時代に庶民に広がり、既婚女性の印となりました。

結婚にまつわるしきたり

生涯の伴侶選びはいつの時代も重要なイベント。江戸時代の人々にとって、いい結婚相手に出会えるかどうかは仲人次第だったとか。

仲人がセッティング

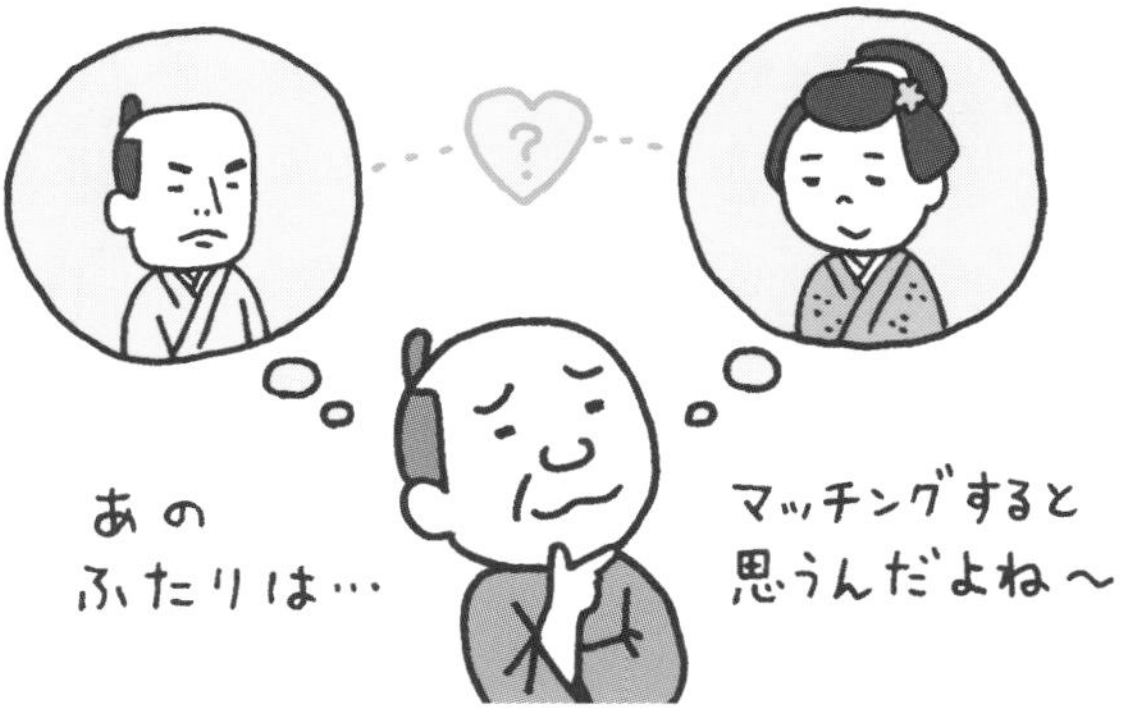
?
あの
ふたりは…
マッチングすると
思うんだよね～

武士階級や中流以上の商人は仲人《なこうど》を立て、家柄や財産のバランスを見て親が結婚相手を決めました。一方、長屋では大家が仲人になることも。大家たちは長屋の住人の情報を共有し合い、相性のよさそうな2人を引き合わせたのです。

男性の結婚適齢期は意外と遅い？

10歳差なんです～

結婚の年齢は、女性が15～18歳で、男性は20代後半～40歳くらいが一般的でした。というのも、男性は仕事で一人前になってから結婚を考えたから。一方で女性は、20歳を過ぎると「年増《としま》」といわれ、現代よりも結婚適齢期はかなり早かったといえます。

■長屋の結婚式

長屋の結婚式はとてもシンプル。葛籠《つづら》を背負い、酒一升とお歯黒道具を持った大家と花嫁が男性の部屋を訪れます。そして持参したスルメを焼き、三々九度の献杯を行って終わりでした。

葬儀・埋葬の慣習

誰しもが迎える人生の終わりのとき。現代と異なるのは、
寺請制度が敷かれていたことと、土葬が主流だったことです。

「寺請制度」による仏教式の葬儀

寺請制度により、すべての人が特定の寺院の檀家《だんか》でした。そのため、葬儀も菩《ぼ》提寺《だいじ》で行われます。葬儀の流れは、まず通夜がいとなまれ、翌日、遺体を湯でふき清めて棺桶に納めます。その翌日に親類が焼香礼拝《しょうこうらいはい》をし、集まった人々に朝食を振る舞ったあと出棺。菩提寺で僧侶の読経、焼香と続きました。

土葬が主流だった

現代の日本では火葬が一般的ですが、江戸時代には土葬が主流でした。武士や庶民の身分に関わらず、遺体は座った姿勢で座棺《ざかん》と呼ばれる棺桶に入れられ、菩提寺の墓地に埋葬されます。イラストの円筒形の座棺は「早桶《はやおけ》」と呼ばれた、主に庶民用のもの。

■江戸時代のご長寿

江戸時代の平均寿命は40歳くらいとよくいわれますが、戯作者の滝沢馬琴《たきざわばきん》は享年82で、儒学者の貝原益軒《かいばらえきけん》は享年85。2人とも生涯現役で活躍したご長寿でした。

かわら版

おまわりだ！

かわら版売り1：向こうからおまわりがくるぞ！
同心：む？　あそこに怪しいやつら……。
かわら版売り2：これは見られるとまずい。逃げるぞ！

当時は「読売（よみうり）」と呼ばれたかわら版。1枚の紙にニュースやゴシップを印刷し、バラエティーに富む情報を人々に提供しました。

情報統制下のメディア

庶民の身近なメディアだったかわら版は、地震や火事の被害状況を知らせたり、世情を伝えたりする重要な役割を担っていました。その一方、扱ったテーマは男女の心中事件から、妖怪や幽霊、珍獣の出現までと多彩。民衆の気を引くニュースを刷っては「読売《よみうり》」と呼ばれるかわら版売りが町中で販売しました。

しかし、当時は幕府による情報統制が厳しく、出版物にも規制がありました。かわら版も規制の対象で、非合法。そのため、役人に捕まらないよう紙面に載せる情報をうまくカムフラージュして伝えるなど、工夫を凝らしていました。

販売方法と記事の種類

かわら版は、現在の新聞や雑誌に近い役割があった大衆の大切な情報源でした。
人々はどのようにかわら版を手に入れ、楽しんでいたのでしょうか。

かわら版を売る「読売」

読売《よみうり》は2人1組で商売をしましたが、片方は役人の目を逃れるための見張り役でした。また、顔が知られないよう、多くの読売は編笠《あみがさ》を被っていました。記事の内容を歌にのせ、往来で人に読み聞かせながら販売しました。

ここに天保六未年
七月十三日夜半頃
〜♪

記事のラインナップ

当初は世間の珍しい出来事や奇妙な話を取り上げることが多く、幕末の動乱期になると政治的・社会的な内容が増えていきました。安定して需要があったのは、仇討ちをして本懐を遂げる物語です。

・災害	・疫病	・美談
・珍獣	・妖怪	・幽霊
・仇討ち	・心中事件	
・神霊譚	・社会風刺	など

番付表の販売

相撲の「番付」の形を借りて、あらゆるテーマで順位や順番を示したのが番付表。江戸時代には番付表が出版物として売られることが盛んになっていました。長者番付や、歌舞伎役者、水茶《みずちゃ》屋《や》で働く娘の番付までありました。

あの子が
1位か〜
番付

事件・妖怪にまつわるテーマ

現代よりも娯楽が少ない当時の人々は、かわら版に掲載される出来事に
非日常を求めました。仇討ちや怪奇現象は当時も人気のテーマでした。

女性による仇討ち

『江戸浅草　御蔵前女仇討』は、兄を殺された妹が道場で剣術を修行し、
ついに殺害犯を討ち取ったという内容。女性の仇討ちは多くの注目を集めました。

病気を防ぐ人魚伝説

不気味な人魚の姿が描かれたかわら版には、この絵を見ると流行り病から逃れられ、
健康でいられるとの記載が。かわら版を売るための作戦にもとれます。

時事ネタに関する情報

娯楽だけでなく、外交問題や災害情報など
民衆の生活に影響する大切な情報も伝えました。

ペリーの献上品

幕末期、浦賀に来航したペリーは将軍にさまざまな自国の品を献上。このことを、献上品のひとつだった蒸気機関車の模型のイラスト付きで紹介しました。

災害情報

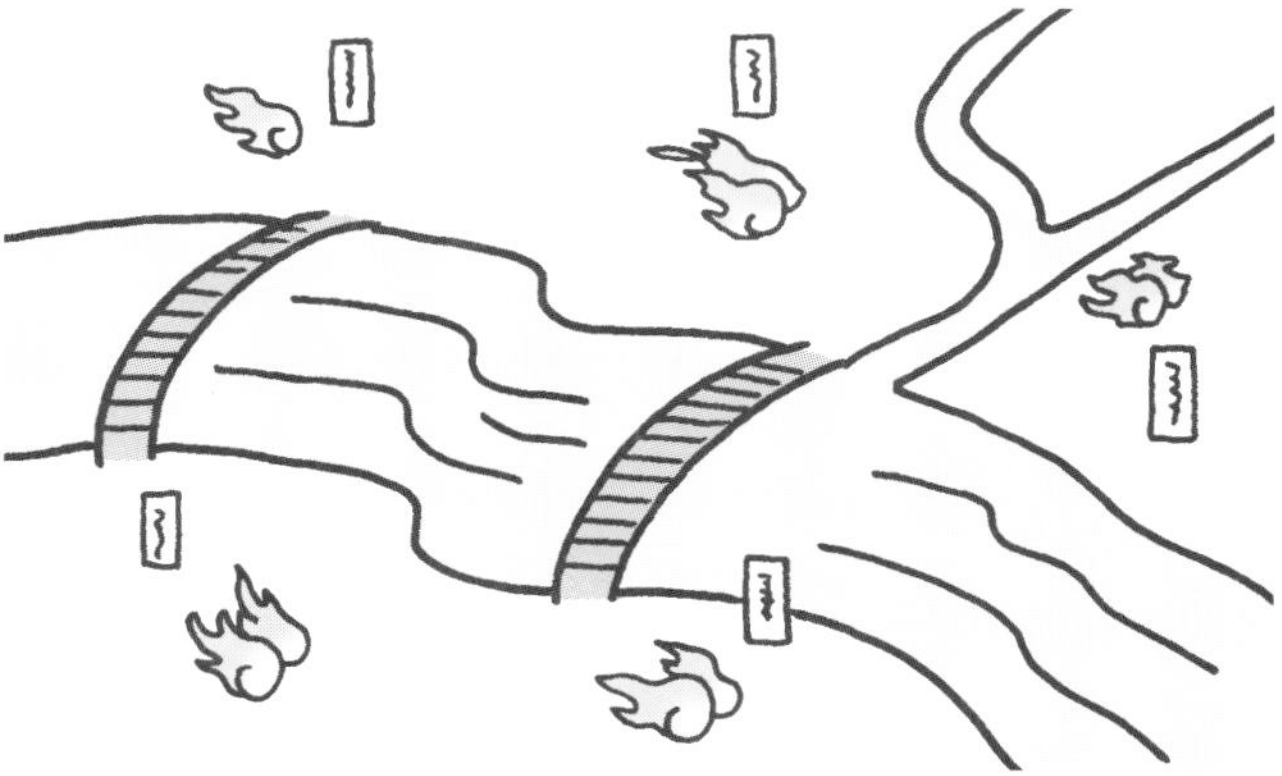

大地震による江戸の災害情報を紹介したかわら版には、被災エリアの鳥瞰《ちょうかん》図《ず》に炎を描き、ひと目で火災の発生場所がわかるようにしたものがありました。

江戸の人々の暮らし⑪

江戸のリサイクル事情

幕末、江戸にやって来た外国人は町のクリーンさに驚きました。その裏には、ゴミを極力出さず、ものを大切に使い回す仕組みがありました。

ものは大切に！

女性1：あ、また少し破けちゃった。縫わないと。
女性2：継ぎ接ぎだらけじゃない。買い替えたら？
女性1：いやいや、まだ使えるわよ～。

■エコでクリーンな江戸の町

江戸の特徴のひとつは、町中にゴミや汚物が少なかったこと。理由として、下水が整備されていたことや、町の費用で専門業者がゴミを回収していたこと、道端の馬糞なども買い取る業者がいたことなどがあります。そして、人々はゴミの量を最低限に抑える暮らしをしていました。

当時はものの値段が高く、庶民は道具などが壊れてもなかなか新品を買えません。そこで、専門の業者に修理を頼んだり、買い取ってもらったりして、中古品を買いました。江戸の町では多くの人が修理業や回収業に携わっていて、人々はできる限りものを捨てずに循環させていたのです。

リサイクルの仕組み

現代の人々から見れば驚き感心してしまうほどに、
江戸の町ではあらゆるものを修理・回収の対象とする徹底ぶりでした。

江戸時代のモノの循環

壊れたものや、使い古したものは修理業者に直してもらうか、回収業者に
買い取ってもらいます。それでも出るゴミは埋立地造成のために利用されました。

そんなものまで買い取り!?

人の糞尿も貴重な肥料として買い取られます。長屋の大家など、トイレの持ち主が業者と契約し、代金をもらいました。ちなみに、栄養価の高いものを食べる上級武士や裕福な町人のものには高い値がつきました。

ゴミは埋立地になった

ゴミが少ないといっても大都市江戸に暮らす人々が出すゴミの量はそれなりにありました。そこで、ゴミは回収され、土地の造成事業に利用されることに。こうしてできたのが永代島《えいたいじま》や越中《えっちゅう》島《じま》などの埋立地でした。

江戸の修理業4選

日用品が壊れて修理が必要になると、専門の修理業者が近くに来るのを待ちました。業者の商売する掛け声が聞こえると、呼び止めて修理を依頼します。

■ 下駄の歯入れ

下駄は履いているうちに歯の部分が擦り減ったり破損することがしばしば。使い古された歯だけを交換できる下駄があり、業者が歯を差し替えてくれました。

■ 継物師《つぎものし》

継物師は欠けてしまった食器類を直してくれました。接着剤に漆《うるし》を使い、欠けた部分を塗り継いで仕上げます。割れた木製の仏像や武具なども直しました。

■ 箍屋《たがや》

箍は、桶や樽の胴部分の木の板が分解しないように周囲を竹の輪で囲って押さえつけたもの。この箍が緩んだり、外れてしまったのを修理する業者がいました。

■ 鋳《い》掛《か》け屋

鉄の鋳物《いもの》でできた釜や鍋が破損すると、鋳掛け屋が道端で修理します。燃料となる炭と、七輪、送風器の鞴《ふいご》を用いて鉄を溶かし、欠けた部分を埋めました。

いろいろなリサイクル品

一見するとゴミのようですが、当時は貴重な資源として重宝されました。
リサイクル品には需要があり、回収業者も繁盛していました。

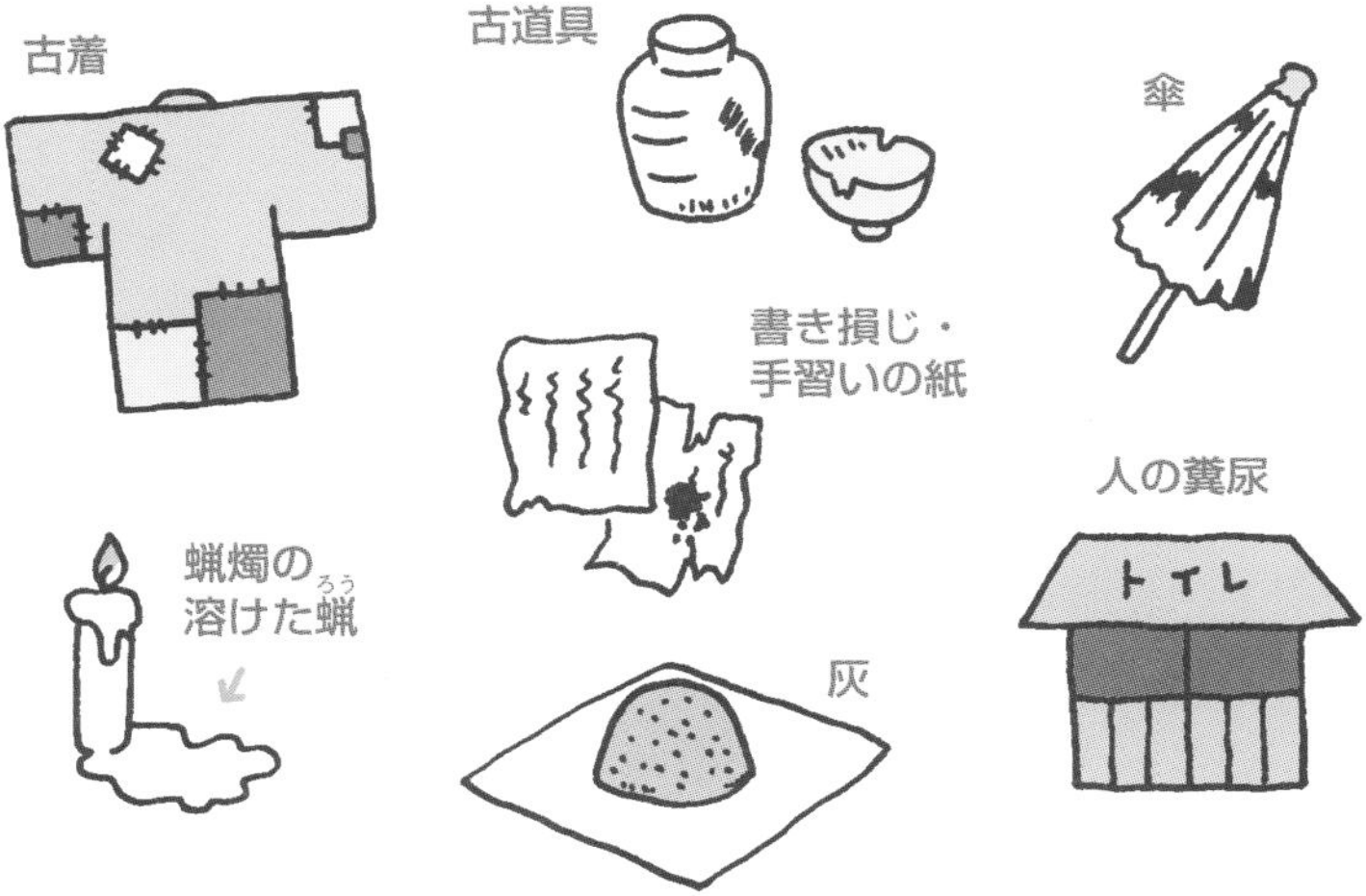

まだまだ使える！ 活用術

着物は古着として買い取ってもらうほか、端《は》切《ぎ》れを売ったり、下駄の鼻《はな》緒《お》にしたりして使い切りました。

骨が折れた傘でもOK。骨は凧づくりに使われ、防水効果のある油紙は味噌や魚の包装に使われました。

灰は食器の洗剤や鬢《びん》付け油を洗い落とすシャンプー、染物の色落ち防止などに使われ、重宝されました。

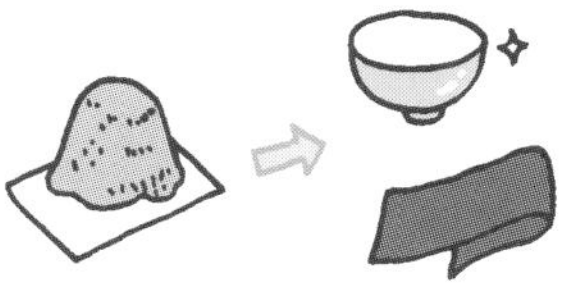

column

江戸時代の物価

江戸時代、豆腐1丁と下駄1足は同じ値段で買うことができました。
ものの値段から、人々の暮らしぶりを想像してみましょう。

新刊本

1冊300文
＝現在の約4,950円

番傘

1本200文
＝現在の約3,300円

下駄

1足50文
＝現在の約825円

豆腐（現在の4倍の大きさ）

1丁50文
＝現在の約825円

蕎麦

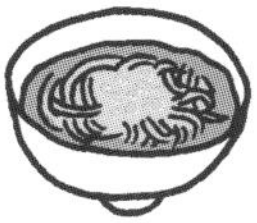

1杯16文
＝現在の約264円

米

1升100文
＝現在の約1,650円

髪結

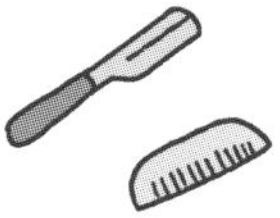

1回28文
＝現在の約462円

湯屋（大人）

1回8文
＝現在の約132円

長屋（4畳半）の家賃

1か月600文
＝現在の約9,900円

比較が難しい江戸時代のお金

仮に、18世紀の米1石の値段を基準とし、現代のお金に換算すると1文は16.5円※。しかし、江戸時代は260年も続き、この間に物価や三貨（金貨、銀貨、銭貨）の換算の割合は変動を繰り返しています。そのため、当時の物価や現代との値段の比較はとても難しく、一概にはいえないのです。

※総務省「小売物価統計調査」結果より計算

【第4章】

江戸時代の娯楽

江戸の町には多くの人が集い、さまざまな娯楽が誕生しました。現代にも残る歌舞伎や相撲をはじめとして、身近にある自然も五感で味わいながら日々を楽しみました。

江戸時代の娯楽①

歌舞伎・浄瑠璃

政治や思想に事件、流行……江戸で起きた出来事を娯楽として昇華する歌舞伎は、庶民から奥女中まで、あらゆる身分の人々に愛されました。

歌舞伎の大発展

役者：さらばあ……さらばあ……。
奥さん：今日も痺れたねえ！　あんた、ちゃんと観てた？
旦那：んえ？　ん？　あれ、今どのあたり？？

■〝歌舞伎〟の誕生

17世紀初め、出雲大社の巫女・阿国《おくに》が京都で演じた「かぶき踊り」が大きな人気を集めました。〝かぶき〟とは、奇抜な格好をして、おかしな行動をする〝傾奇者《かぶきもの》〟のこと。1624年、京都から江戸に初代・中村（猿若《さるわか》）勘三郎《かんざぶろう》が踊りを引っ提げ、猿若（中村）座の名で芝居小屋を開場します。幕府に興行の許しを得て建てられた初めての小屋です。市村座、森田座も加わり、江戸三座として、歌舞伎を盛り上げました。演目は、踊りや話題の心中、仇討ちなどの事件を取り入れた現代劇が中心に。新作も次々と発表され、庶民から武家まで大熱中の娯楽として発展していきました。

歌舞伎お江戸事件簿

さまざまな事件を演劇に仕立て上げていた歌舞伎。
普段は事件を演じる側にも、いろいろな出来事が起こっていました。

■1629年

歌舞伎、女人禁制に

阿国のかぶき踊りを遊女たちが踊って人気を博しましたが、幕府は風紀が乱れるとして女性が舞台に上がることを禁止。こうして「女形《おんながた》」が生まれました。

■1704年

初代・市川團十郎死す

「荒事《あらごと》」の創始者・團十郎《だんじゅうろう》が舞台中、私怨が原因で刺殺されます。悲しみのなか、息子がわずか17歳で2代目を襲名。荒事芸を磨き、歌舞伎の基礎を築きました。

「荒事」って？

荒々しい所作で、豪快な演技のこと。「隈取《くまどり》」や歌舞伎独特のポーズ「見得《みえ》」も荒事から生まれたんだ

■1714年

役者と奥女中の××

大奥の女中が歌舞伎鑑賞後、人気役者と宴会。江戸城の門限に遅れ、大問題に。なんと女中には死罪判決が！「役者と密通していたのでは？」などの噂を生みました。「江島《えじま》生島事件《いくしまじけん》」と呼ばれるスキャンダルです。

■1841年

浅草・猿若町に移転

風俗への取り締まりが強化され、三座は城下から浅草の猿若町《さるわかちょう》へ。芝居小屋の周りには茶屋が立ち並び、町は歓楽街として大賑わいに。三座も互いに切磋琢磨し、舞台の内容や技術が充実していきました。

芝居小屋は眠らない

観劇中は酒も食事もお喋りもOK！
早朝から夕方まで、一日中どんちゃん騒ぎできる憩いの場でした。

芝居小屋の中身

①二階桟敷《さじき》 江戸城や大名屋敷の奥女中が座る富裕層の席。

②羅漢台《らかんだい》 舞台の奥で役者を後ろから観る一番安価な席。

③平土間 1枡4、5人ほどの大衆席。酒も入って賑やかに。

④桟敷の間（歩み板） お弁当や酒を運ぶ物売りの男が通ります。

幕の内弁当生まれる

白米とおかずが詰まったお弁当を「幕の内弁当」といいますが、その名の由来は歌舞伎にありました。芝居は早朝から夕方まで続きます。幕間《まくあい》も長いため、観客は茶屋に弁当を注文し、食事を取りました。“幕と幕の内”に食べることから「幕の内弁当」と呼ばれるようになりました。

歌舞伎の大スターたち

歌舞伎役者は庶民にとって憧れの存在。
役者の絵が刷られた浮世絵は飛ぶように売れました。

千両役者現る！

売れっ子役者は年間1,000両稼ぎ、「千両役者」と呼ばれていました。現代で言うところの「１億円プレーヤー」のような存在です。江戸っ子の気質を象徴する主人公「助六」を演じた２代目市川團十郎は千両役者第１号でした。

8代目 市川團十郎

色気ある美男子で超がつくほど大人気。若くして亡くなり、彼を追善《ついぜん》する浮世絵が300以上描かれました。

3代目 澤村《さわむら》田《た》之助《のすけ》

美、実力を備えた女形。舞台中の怪我で四肢を切断してもなお舞台に上がり続けました。

■浄瑠璃から歌舞伎に

歌舞伎が開花した年、三味線の演奏と合わせて人形を操る人形《にんぎょう》浄瑠璃《じょうるり》も発展しました。高い文学性と物語の構成力に優れた人形浄瑠璃の作品は、次第に歌舞伎でも演じられることに。このような作品は「義太夫《ぎだゆう》狂言《きょうげん》」と呼ばれ、人気を呼びました。その１つ、『義経《よしつね》千本《せんぼん》桜《ざくら》』などは現代でも演じられています。

相撲

相撲人気止まらず！

行司：ひがあ〜しぃ〜……。
小野川：（今日も絶対に勝ってやる……）
谷風：（こないだつけられた土は返してやるからな）

相撲は豊作を祈願する神事として行われていましたが、次第に浪人や力自慢の者が力士となり、庶民の3大娯楽の1つとして人気を博しました。

■固唾《かたず》を呑んで見守った男たちの大熱戦

古代から続いた相撲は、江戸時代になると寺社の造営や修築の費用集めの勧進《かんじん》相撲《ずもう》として興行化されます。庶民にも人気でしたが、敵方を応援する客同士の喧嘩が絶えないため、幕府から興行を禁じられます。しかし人々の熱は収まらず、各所で相撲が催されました。それまでになかった土俵ができ、単に相手を倒すだけではなく、寄り切りや押し出しなどの技も誕生。ますます人気に拍車が掛かり、1742年に幕府は勧進相撲を正式に復活、江戸での興行は春と秋の年2回、晴天の10日間開催されるようになりました。大スター力士も登場し、歌舞伎役者に劣らぬ人気者となりました。

大スター力士集合

相撲人気の高まりにより、興行で得た収入で暮らすプロの力士集団も登場。
現在の大相撲の源流となりました。

江戸の強豪力士3人

谷風梶之助《たにかぜかじのすけ》

189cm 169kg
仙台藩 / 横綱
27年間70場所を戦い、
負けは20回のみ！

小野川喜三郎《おのがわきさぶろう》

176cm 131kg
久留米藩 / 横綱
小柄ながら駆け引き
上手。谷風の好敵手

雷電為右衛門《らいでんためえもん》

197cm 170kg
松江藩 / 大関
相手に怪我をさせる
ので、4手禁じられた！

強豪力士は大名のお抱えにもなり、藩の誇りをかけた戦いでもありました。当時の「横綱」は力士の位を示すものというよりも、大関の中でも優れた者に対して「横綱を締めて土俵入りできる」という権利を与えられたものでした。そのため、雷電は力量は十分だったものの横綱にはなっていません。

■番付文化の発祥

勧進相撲の興行体制が整い、力士の順位表を載せた番付表がつくられました。これを真似た「見立番付《みたてばんづけ》」もつくられ、長者番付や温泉番付、漬物の番付などなんでもありな番付文化も生まれました。

声援が飛び交う場内

土俵には、庶民の熱い声援が飛び交いました。
ただし、聞こえるのは野太い男性の声のみだった!?

男が集まる土俵際

相撲小屋はいつも超満員！ 男だらけの観客席では、ひいきの力士を応援するのに熱がこもりすぎて、客同士の喧嘩が絶えませんでした。怒号が飛び交う小屋の中は危険なため、女性が相撲を見物することは明治時代まで禁止されていました。

相撲の聖地・両国

両国にある回向院《えこういん》は、全国の神社の秘仏を開帳する「出開帳《でがいちょう》」が毎年行われ、大賑わい。相撲の興行にももってこいとされ、1833年以降、春・秋の年2回の開催が定着しました。相撲小屋は簾《すだれ》などに使われる葦《あし》の茎で仮小屋として建てられました。

■晴天開催の理由

当時、相撲の興行は晴天10日間の開催と決まっていました。というのも、相撲小屋が葦で建てられているため、雨の日は水浸しになり興行がまともにできないのです。1853年の回向院での春場所は、晴天が続かず、興行を終えるのに48日もかかってしまいました。

お江戸のモテ男 !?

小屋は無理でも、稽古場では女性も力士の姿を覗いていたとか。
力士は、江戸の女性にとって魅力的な存在だったのです。

女性もうっとり♡「江戸の三男」

火消し
江戸の町を守る
消防士さん

力士
勝負師の姿が
勇ましい

与力
町奉行の部下
気さくでお金持ち

女人禁制でも力士はモテモテ。力強く、裕福なので、火消し・与力と並び「江戸の三男《さんおとこ》」と呼ばれました。「1年を 20日で暮らす よい男」という川柳も有名です。

■大道芸・ひとり相撲

江戸で人気だった大道芸の1つ。小太りな男が1人で呼び出し、行司、2人の力士の取り組みを演じ、大人も子どもも集まる大人気芸でした。迫真の演技で、谷風や小野川に早変わり。好勝負を演じ「銭が多い方を勝たせるぞ」と言うと、観客は好きな力士の名を叫びながら銭を投げ合いました。

江戸時代の娯楽③

浮世絵・戯作

歌舞伎役者や遊女、美女に観光地など、江戸のいきいきとした様子を写した浮世絵は、まさに〝浮世（この世）〟の極上エンターテインメントでした。

浮世は極楽だらけ

女性１：ねぇねぇ見てみて！　この切れ長な目。
女性２：超かっこいい〜！　見てみてこっちも。
女性２人：キャ〜〜〜〜！　癒される〜〜。

浮世絵は安価で買える嗜好品

ゴッホやミュシャなど、世界の画家たちに影響を与えた浮世絵。現代だと500円玉でもお釣りがくるほどお手頃価格でした。1765年、それまで墨1色だった浮世絵に革命が起きました。人気絵師の鈴《すず》木《き》春信《はるのぶ》が多色摺《たしょくず》りの木版画（錦絵）を制作したのです。江戸で働く実在の美女を色彩豊かに描き、大ヒット。以降、役者絵から武者絵、名所絵、妖怪画に春画など、絵師たちが庶民の期待に応え、切磋琢磨し次々と新しい表現に挑戦。色鮮やかで面白おかしい浮世絵を生み出しました。安価な浮世絵は、江戸観光のお土産にも最適でたちまち全国に広がり、庶民の娯楽品の定番となりました。

浮世絵 HOW TO

海外でもその魅力が認められていった浮世絵。
どのようにして江戸庶民の身近な存在になっていったのでしょうか。

どうやってつくるの？

まず「版元《はんもと》」（今でいう出版社）が企画を立て、依頼を受けた「絵師《えし》」が下絵を描きます。下絵は地本問屋《じほんどいや》の校閲を受けた後、「彫師《ほりし》」の元へ。彫師は版木に絵を忠実に彫ります。最後は「摺師《すりし》」が、絵師の指定の色を再現し、彫り終えた版木を紙に摺れば浮世絵は完成です。浮世絵は職人たちの共同作業でつくられました。

どうやって買うの？

浮世絵は、ひらがなと絵で構成された「絵草紙《えぞうし》」などの娯楽本を扱う「地本問屋」で売られました。地本問屋は企画を行う版元でもあり、浮世絵の制作、販売までのすべてを担っていました。店先には浮世絵がずらりと並び、大名から子どもまで、幅広い層が買い求めました。

■多色摺りはどうやって生まれたの？

きっかけはカレンダー（絵暦《えごよみ》）でした。当時、メモ書き程度の文字のみだったカレンダーに絵を加え、面白さを競い合った趣味人たちの間で、多色摺りを用いた絵暦が誕生しました。これに目をつけた版元が墨１色の１枚絵だった浮世絵にカラフルな色を取り入れたことが、はじまりとされています。

粋な絵師たちの登場

憧れの役者、幕府への不満、見事な風景……。
庶民の想いを絵に託した人気絵師が続々登場！

江戸の人気絵師大全

■喜多川歌麿《きたがわうたまろ》（？-1806）

それまで全身が描かれていた美人画界に激震が走ります。画面いっぱいに美人の上半身を描いた「美人大首絵《おおくびえ》」はたちまち話題に！

■東洲斎写楽《とうしゅうさいしゃらく》（？-？）

歌舞伎役者たちの個性を目一杯押し出し、賛否両論な「役者版大首絵」で一世風靡！　しかし写楽は正体不明で、わずか10か月で姿を消してしまったのです。

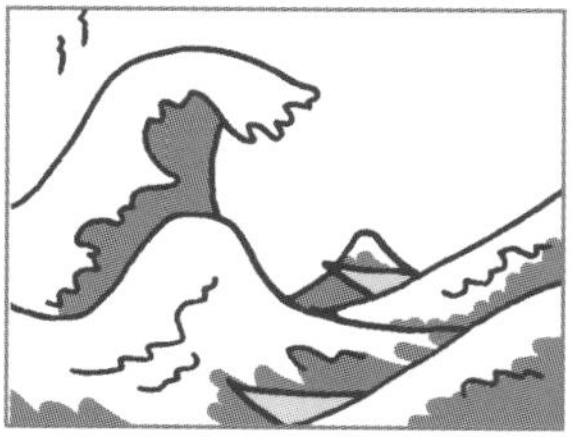

■葛飾北斎《かつしかほくさい》（1760-1849）

北斎は売れっ子なのに生涯貧乏でした。江戸に入ってきたばかりの新しい藍色を使い、斬新な構図で描いた「富嶽三十六《ふがくさんじゅうろっ》景《けい》」は世界的に有名です。

■歌川国芳《うたがわくによし》（1798-1861）

三枚続《さんまいつづき》（3枚でひと組の絵）の浮世絵で不動の人気を得た幕末の絵師。幕府への批判を持ち前の機知と反骨心で描いた武者絵は庶民から絶大な支持を集めました。

戯作も大流行

江戸の町では出版物が人気の娯楽の１つでした。
浮世絵を含めて戯作（文芸作品）などの出版文化が花開きました。

江戸っ子は読書っ子

寺子屋の普及により識字率の高い江戸では読書が盛んでした。本は値段が高く、気軽に買えませんでしたが、肩に本を背負って回る貸本屋から借りるなどしていました。

江戸のベストセラー本大紹介！

江戸っ子たちの読書熱は高く、新しい物語を求める声が絶えません。
大人気戯作家も登場し、続々と読本が刊行され、出版業界は大忙し！

『好色一代男《こうしょくいちだいおとこ》』

著：井原西鶴《いはらさいかく》

奔放な主人公の官能的な色恋模様が描かれた。

『東海道中膝栗毛』

著：十返舎一九《じっぺんしゃいっく》

旅ブームを生んだ、弥次喜多コンビの珍道中。

『南総里見八犬伝』

著：滝沢馬琴《たきざわばきん》

勧善懲悪で八犬士の里見家再興を描いた。

■世界の UKIYO-E

日本の陶磁器を西洋へ輸出する際、浮世絵が梱包材として使われました。丸められていた紙を広げると独創的な絵が描かれているとの噂が広まり、ゴッホやミュシャなど世界中の画家が浮世絵に魅了されていきました。

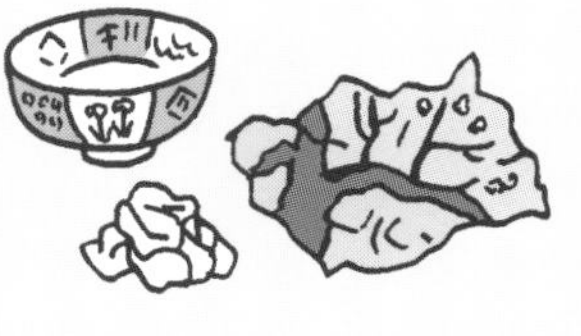

江戸時代の娯楽④

子どもたちの遊び

車も通らない江戸の町は、子どもたちにとってどこで遊んでもいい楽園状態。外からは元気よく走り回る子どもたちの声が聞こえてきました。

身近なもので遊ぼう

子ども1：火事だ〜！　現場に行くぞー！
子ども2：くらえ！　龍吐水！
子ども3：わ〜！　って燃えてるのはこっちじゃなーい！！

江戸は遊びであふれていた！

現代の子どもたちにはゲームやおもちゃなどたくさんの遊び方がありますが、江戸の子どもたちも負けてはいません。鬼ごっこやかくれんぼ、ごっこ遊びなど、今でも馴染みの深いさまざまな遊びを楽しんでいました。例えば、鬼ごっこの原型と呼ばれる「子《こと》捕ろ子《こと》捕ろ」。先頭を親にして列になり、1人の鬼が最後尾の子を捕まえようとするのを、親が両手を広げて守るというものです。この遊びは平安時代から続いているのだとか。火消しごっこや、芝居ごっこなどの大人の真似っこ遊びや新春の凧揚げに羽根つきなど、四季の移り変わりを楽しむ子どもの姿がありました。

江戸の玩具セレクション

身の回りにある道具を工夫してつくった外遊び玩具や、
屋内で遊ぶための玩具もさまざま登場しました。

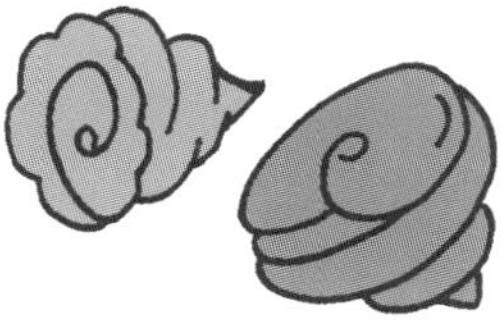

■ 貝独楽《ばいごま》

バイと呼ばれる巻貝でつくったコマを、桶の上でぶつけあいます。

■ いろはかるた

江戸、大坂、京都では読み札に書かれたことわざに違いがありました。

■ 泥面子《どろめんこ》

泥でつくった面子。地面にかいた円に、ほかの人の面子をはじく！

■ 姉様人形《あねさまにんぎょう》

ままごと遊びで使う、ちりめん紙や千代紙を折ってつくったお人形。

■影絵クイズ！

手や足を使い障子に映る影を楽しむ影絵は大人も子どもも楽しみました。さて、下の影になった遊び道具は何でしょう？

Q1

Q2

【答え】
Q1/ 凧揚げの凧…禁止令が出るほど大流行した。
Q2/ 水鉄砲…火消しも使った水鉄砲で水遊び。

ペット

猫や犬、鳥にネズミや虫も……。江戸っ子は身近な動物をペットとして可愛がりました。鳴き声も風流だと嗜む、江戸のペット事情はいかに!?

江戸の人気ペット

奥女中：このフサフサな毛がかわいいねぇ。
狆：ワンワン！
下女：そうですねぇ（私も座布団に座りたい……）

■江戸の犬猫人気

現代のペットの人気ツートップは犬と猫ですが、江戸の庶民の間では、圧倒的に猫が人気でした。というのも、どこの家も悩みの種になっていたネズミを退治してくれる、という実用的な理由から。犬は誰かの飼い犬というよりも、放し飼いにして近所の人たちで一緒にお世話をしていたようです。

大奥や遊里などの女性たちの間では、中国から来た狆《ちん》がお座敷犬《ざしきけん》として愛好されていました。また、大名の間では西洋から輸入した大型の狩猟犬も人気でした。強そうな犬を連れて歩き、「どうだ！」と見栄を張っていたのだそう。珍しい犬を飼うことが上流階級のステータスにもなっていたのです。

お江戸ペット大集合

人気の猫と犬以外にも、江戸の町では
いろいろな種類の動物たちがペットとして飼われていました。

飼育本も登場「小鳥」

ウグイス、コマドリ、オオルリが三鳴鳥とされ人気でした。鳴き声を競い合う「鳥合わせ」も行われ、美しい鳴き声を持つ鳥は高値で取り引きされました。

観賞用として人気「金魚」

陶器の鉢に金魚を入れ、上から金魚を眺める「上見《うわみ》」がブームに。上見を前提に品種改良も行われ、デメキンやランチュウも登場しました。

将軍のペットは「象」

8代将軍吉宗の希望で、ベトナムから象が到来！ しかしすぐに飽き、引き取り手を探すも見つからず、10年以上にわたって浜御殿《はまごてん》（現在の浜離宮恩賜庭園）で飼育されました。

■「生類憐《しょうるいあわれ》みの令」にはいい面もあった？

天下の悪法として知られるこの法度で、市中の野良犬を一斉に保護する“犬小屋”が建てられました。当時、犬は人を襲い怪我を負わせることから嫌厭されがちでしたが、怖い犬が一掃されたことで、庶民が犬をかわいがるようになりました。

江戸時代の娯楽⑥

剣術

剣の極意を体得？

少年１：おれは剣の極意を体得したぞ！
少年２：うそつけ。まだ始めて１か月だろ。
少年１：天才に年月は関係ないのだ～！

平和な世が続いた江戸時代、剣術は武士に限らず庶民の習い事としても人気に。幕末には数々の流派も誕生し、身分に関係なく技を競い合いました。

■習い事としての剣術

稽古事が広まった江戸時代。庶民は師匠に弟子入りして三味線や生け花、茶の湯などの諸芸を習い、教養として身につけるようになりました。なかでも剣術はその始まりとされ、町の剣術道場には武士だけでなく、農民や町人も通いました。

当初、道場の稽古は木刀を用いた「形」の修得が基本でしたが、江戸時代中期以降になると現代の剣道で使用するものとほぼ同じ竹刀や防具ができ、試合形式での稽古ができるようになります。やがて人気に火がつき、幕末には７００以上の剣術流派が誕生。農民のなかからも、武芸に励み、力をつけた剣客が現れました。

武士も庶民も剣術修行

江戸で有力とされた神道無念流練兵館や柳剛流の道場主には、農民出身の者もいました。当時の剣術事情はどのようなものだったのでしょうか？

■浪人が開いた町道場

江戸初期、町には無職の武士である浪人がたくさんいました。道場を開き、庶民相手に剣術を教え始めたのは彼らの一部で、生計を立てるための道場経営でした。

■流派と出身

剣術には流派があり、有名な北辰一《ほくしんいっ》刀流《とうりゅう》には坂本龍馬《さかもとりょうま》が入門。新選組の近藤勇《こんどういさみ》や土方歳三《ひじかたとしぞう》は農民出身でしたが、天然《てんねん》理《り》心流《しんりゅう》で剣術を磨き、剣客として活躍します。

■武士の武者修行

江戸時代、庶民のみならず武士の間でも剣術が流行。腕を磨くため、各地の他流派の道場を訪れては稽古に参加し、試合や指導を受ける武者修行が盛んに。

■薬売りが居合抜き！?

薬売りの行商人には、武芸の居合抜きを見世物にして集客する者がいました。居合抜きは、刀を鞘から抜く瞬間に相手を斬る技のこと。平和が続いた江戸時代、武芸はパフォーマンスとしても人々の注目を集めたのです。

江戸時代の娯楽⑦

盛り場と見世物

雑多に人が入り交じる祝祭的な空間・盛り場には人々の好奇心をそそる見世物小屋が立ち並び、庶民に大好評でした。

よりによって……

祖父：今日は何でも見せてやろう。何が見たい？
子ども：やった！　じゃあ、あの河童が見たい！
祖父：（う、胡散臭すぎる……）あっちにラクダもいるぞ!?

集客力のあるご開帳と見世物

多くの人が集まり、賑わいを見せる神社仏閣の境内や盛り場に付き物だったのが見世物《みせもの》でした。見世物は、入場料を支払い、珍しい動物や細工物、曲芸などを見物する娯楽のこと。江戸の寺社や各地の寺院が出張して秘仏や寺宝を一般公開するご開帳の機会があると、江戸っ子たちはこぞって出かけ、ついでに開帳場周辺にできた盛り場で屋台の飲食や見世物を楽しみました。盛り場でも代表的なのが浅草寺《せんそうじ》奥山《おくやま》、両国広小路《りょうごくひろこうじ》、上野の山下広《やましたひろ》小路《こうじ》。広小路は、もとは火事の際に延焼を防ぎ、避難場所にもなる空き地ですが、平時には人々が集まる場として大いに活気づきました。

1日見世物巡り

ご開帳の参詣ついでに、人々は盛り場をどう楽しんだのでしょう？
実際に盛り場で営業していたとされる見世物のうち、ほんの一部をご紹介！

①ご開帳からスタート

まずはご開帳に参詣。遠方からやってくる「出開帳《でがいちょう》」では、信州善光寺《ぜんこうじ》の阿弥陀《あみだ》如来《にょらい》や成田山新勝寺《なりたさんしんしょうじ》の不動尊《ふどうそん》、嵯峨清凉《さがせいりょ》寺《うじ》の釈迦如来《しゃかにょらい》などが江戸で評判でした。

②曲芸を見物

盛り場では大道芸人も芸を披露。松井源《まついげん》水《すい》のコマ廻しや、全国を巡業した早竹虎《はやたけとら》吉《きち》による、長い竹竿などの上で軽業を披露するといった手に汗握る曲芸が話題に。

③舶来の珍獣

外国の珍しい生き物をひと目見ようと人々が殺到。オランダ船に乗ってやって来たラクダは夫婦仲がよい動物とされ人気に。象も見世物のひとつでした。

④ネタ系見世物

なかには、見るからに怪しげなものも。河童や大イタチ、ヘビ女などは細工をしてつくりあげた偽物でしたが、人々は、これはこれで楽しんでいたようです。

【マメ知識】
ほかに飴細工や籠細工などの細工物の見世物などもありました。

江戸時代の娯楽⑧

遊里

あの子のために散財

遊女：今度、反物を買いたいのよ〜。でもお金が足りなくてえ。
男性：先月は吉原でいくら使ったから……う〜ん、しかし
ここで彼女のお願いを断るわけには……。

遊女のもとへ通い遊ぶのは江戸の男性の娯楽のひとつ。『吉原細見』という、吉原の妓楼や遊女を丁寧に紹介したガイドブックも販売されました。

江戸に遊女が多い理由

江戸は妓楼《ぎろう》が多い町でした。というのも、諸国から単身赴任してくる藩士や、職人、人夫《にんぷ》が多く、その需要があったから。１６１８年には市中に増えた妓楼を集めた幕府公認の遊里・吉原が現在の日本橋人形町あたりに誕生します。しかし、１６５７年には明暦《めいれき》の大火で全焼。同年に浅草寺裏（現在の台東区千束《せんぞく》）へと移転します。広大な敷地には３０００人以上の遊女がいました。

また、吉原以外にも岡場所《おかばしょ》と呼ばれる非合法の私娼街が市中各所にあり、こちらは吉原よりも価格が手頃でアクセスがよかったことから、下級武士や庶民に多く利用されました。

幕府公認の遊里・吉原

江戸の遊里といえば、言わずと知れた吉原。1741年以降は敷地内に桜が植えられるようになり、夜桜の名所にもなりました。

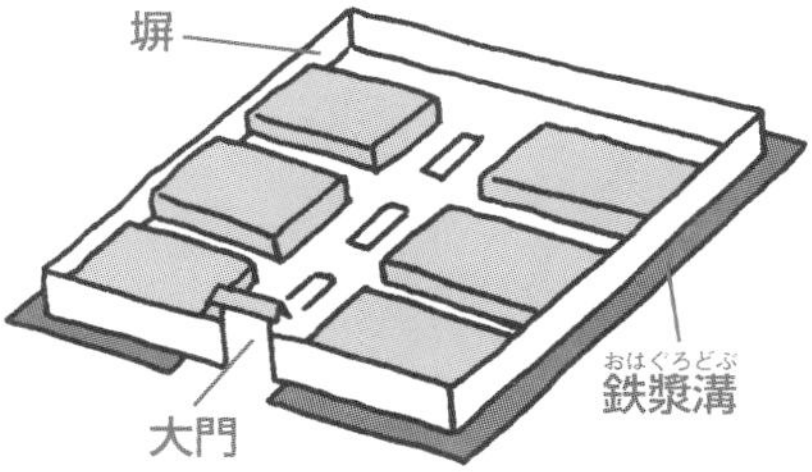

お堀に囲まれた吉原

2万坪あまりの敷地に、最盛期には4,000 ~ 5,000人もの遊女がいました。周囲は「鉄漿溝」と呼ばれた堀に囲まれ、出入り口は大門のみの閉じられた世界です。

吉原に通う男たち

市中からはやや離れた場所にあった吉原。庶民は徒歩でしたが、裕福な者は駕籠《かご》や猪牙舟《ちょきぶね》で向かいます。猪牙舟での吉原通いはお馴染みの風景だったとか。

吉原からの帰り道、大門を出て衣紋坂《えもんざか》を進むと、江戸に向かう日本堤《にほんづつみ》の手前に柳の木が。客が遊女を思い、ここで振り返ったことから「見返り柳」と呼ばれるように。

遊女の階級

遊女には階級があり、時代によって異なりますが、初期のころの最高格は太夫《たゆう》（花魁《おいらん》）、次に格子女《こうしじょ》郎《ろう》、切見世女郎《きりみせじょろう》と続きます。太夫になれるのはひと握りで、限られた客しか相手にしませんでした。

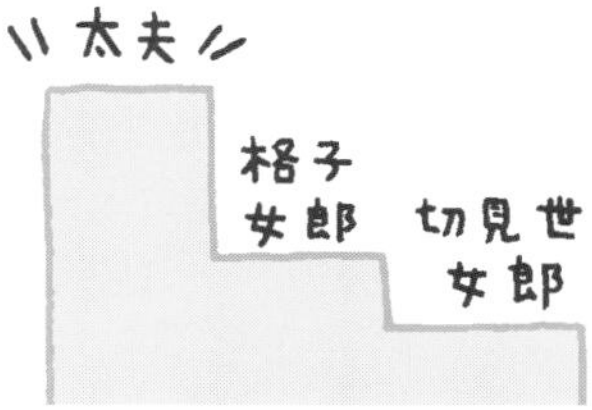

遊女の身なりと階級

**高級遊女の太夫になるための条件は、美貌を持ち、
舞踊や音曲、茶の湯、文芸などを嗜んでいることでした。**

太夫（花魁）

■作法に則った「揚《あげ》屋《や》遊び」

太夫と関係を持つには、まず座敷（揚屋）で盛大な宴を催し、気に入られ、3度目の登楼で「馴染み」と認められる必要がありました。祝儀や飲食代など、1度の宴に現在の85～100万円もかかったとか。

■豪華な衣装

太夫は身なりもゴージャス。呉服屋から反物《たんもの》を買い、最先端で豪華なファッションに身を包んで美しさを演出しました。

格子女郎と切見世女郎

遊里の通りに面した格子の奥に居並び、客の指名を待つのは格子女郎。鉄漿溝《おはぐろどぶ》沿いの切見世と呼ばれる妓楼屋には切見世女郎がいて安価で遊ぶことができました。

見習いの禿（かむろ）

吉原では6～7歳で妓楼屋に奉公に出た女子が、先輩遊女のもとで禿として見習いをします。やがて14～16歳になると客を取り、25歳くらいで年季明けに。

■「苦界《くがい》」とされた遊女の世界

煌びやかな花魁のイメージが強い吉原ですが、妓楼屋に“奉公”に出た女子のなかには貧しい家から金銭で売られた者もいて、そのつらい境遇から遊女勤めは「苦界十年」といわれた側面があります。

非公認の遊里・岡場所

公許の吉原がある一方で、公に許可を受けずに営業を続ける「岡場所」があり、江戸四宿の旅籠には幕府に黙認された遊女もいました。

庶民に支持された岡場所

私娼街の岡場所で有名だったのは深川や江戸四宿の品川、内藤新宿、板橋、千住など。幕府の取り締まりが緩まる度に岡場所は繁盛し、営業が続けられました。

旅籠の飯盛女（めしもりおんな）

旅籠に遊女を置くことは禁止されていましたが、代わりに旅行者の給仕を行うという名目の、実質的な遊女「飯盛女」が多数置かれるように。幕府はこれを黙認し、宿駅は繁華街として賑わいました。

深川の芸者衆

深川には岡場所が多く、また、芸者も客と床入りしました。そんな深川芸者は独特で、化粧が薄く、話し方やファッションは男っぽい。この気風が評判でした。

■遊里が舞台の人気歌舞伎

歌舞伎の十八番「助六由縁《すけろくゆかりの》江戸桜《えどざくら》」は、江戸一の伊達男・助六が宝刀の友切丸《ともきりまる》を探すため恋人の花魁・揚巻《あげまき》のいる吉原に通う話。華やかな吉原を舞台にモテ男が暴れ回る人気作です。

四季の遊び

江戸時代の人々は、四季の移ろいを肌で感じながら暮らし、その魅力を存分に楽しむための風流な遊び方を知っていました。

春の愛で方

花見

庶民が弁当を持ち寄り、歌や踊りに俳句を詠んだりしながら賑やかな花見をするようになったのは江戸時代から。上野《うえの》寛永寺《かんえいじ》境内、墨堤《ぼくてい》（隅田川の土手）、眺望のよい飛鳥山《あすかやま》、品川の海も一望できる御殿山《ごてんやま》などが人気スポットでした。

梅見

早春に咲く梅の花も人気で、亀《かめ》戸《いど》の梅屋敷「清香庵《せいきょうあん》」の園内では数百株もの梅が咲き誇り、塩漬けの梅の実が売られていたそう。現在の都立向島百花園《むこうじまひゃっかえん》も江戸時代に梅の名所として愛されました。

潮干狩り

春から初夏にかけての潮干狩りは江戸っ子の好きなレジャー。海に面した品川宿は日帰りか1泊2日で、深川へは永代橋を渡って潮干狩りに出かけました。採れたのはアサリやシジミ。家族でも楽しみました。

夏の過ごし方

隅田川の花火

毎年旧暦5月28日には隅田川で花火大会が行われ、この日から3か月の間、川には納涼船や物売り船が行き交い、夜店が営業。期間中、川沿いで夕涼みする裕福で粋な町人がお金を出すと、花火屋は趣向を凝らした花火を打ち上げました。

川辺の涼

江戸は水路の多い町で、暑い夏でも水辺には涼しい風が通りました。人々は納涼船に乗って水路や川で優雅に涼んだり、当時清流だった隅田川にかかる両国橋を歩いて夕涼みを楽しみました。

蛍観賞

隅田川西岸の駒形《こまがた》や落合の妙正寺川《みょうしょうじがわ》付近は蛍の名所とされました。夜風にあたりながら観賞するもよし、町中で虫売りが売る籠入りの蛍を買って自宅で愛でるもよし。楽しみ方は人それぞれでした。

秋の味わい方

月見

旧暦7月26日の「二十六夜待《にじゅうろくやまち》」には、景勝地の高輪《たかなわ》海岸沿いまで出かけ、阿弥陀如来《あみだにょらい》と観《かん》音菩薩《のんぼさつ》、勢至菩薩《せいしぼさつ》の三尊《さんぞん》の姿が現れるとされた月を夜通し愛でました。風流な江戸っ子は船の上や眺めのいい茶屋などで秋の月を観賞することも。

虫聴き

秋の夕暮れは虫の声を聴きに広尾や飛鳥山《あすかやま》、道灌山《どうかんやま》へ。聴こえてくるのは松虫や鈴虫、蟋蟀《こおろぎ》の声。散歩を楽しみながら耳を澄ませたり、なかには敷物に座ってお酒を飲みながらという人もいたとか。

紅葉狩り

旧暦10月半ば頃が紅葉の見頃でした。名所は数多くありましたが、海《かい》晏寺《あんじ》（現在の品川区）には紅葉茶屋が設けられ、江戸からやや離れた下《しも》総国真間《うさのくにまま》の弘法寺《ぐほうじ》では楓《かえで》の名木が人々を楽しませました。

冬の楽しみ方

雪見

大雪の日の江戸には、33センチほど雪が積もることも。現在より寒かった冬の江戸ですが、美しい雪景色を求めて隅田川堤《づつみ》や不忍池《しのばずのいけ》などの水辺、土手、寺社境内などを訪れたり、置炬燵《おきごたつ》のある雪見船に乗り、船の上からも雪を楽しみました。

枯野見《かれのみ》

江戸時代には、花見や紅葉狩りと同様に冬の晴れた日に枯野の風景を見に行く「枯野見」がありました。名所とされたのは雑司ヶ谷《ぞうしがや》周辺の田園地帯。草花の枯れた姿を愛でるなんとも風流な遊びです。

歳の市

浅草寺の歳の市は旧暦12月17～18日に開催され、多くの人出がありました。境内には正月用の注連縄《しめなわ》飾りや華やかな羽子板、日用品を販売する出店が並び、師走の風物詩として現代にも続いています。

江戸時代の娯楽⑩

庶民の旅行

今や娯楽の定番ともいえる旅行ですが、江戸の庶民にとっては信仰と結びついたものであり、大変な費用と時間のかかる貴重な機会でした。

待ちに待った出発日

先導役：富士登山の皆さんはこちらに集合してくださいー！
旅行者１：実は、昨夜は興奮して寝られなくって……。
旅行者２：おれも！　うまい飯、いっぱい食うぞ〜。

庶民が夢見た旅行

江戸近郊であれば、日帰りや1泊2日で気軽に出かけることができましたが、小旅行となればそれなりに費用がかかります。それでも大山《おおやま》（現在の神奈川県）や成田山《なりたさん》（現在の千葉県）などは人気の旅先で、お金を積み立てて3泊4日ほどで訪れる人が多くいました。また、十返舎一九《じっぺんしゃいっく》が弥次郎《やじろ》兵衛《べえ》と喜多八《きたはち》の旅を描いた滑稽本《こっけいぼん》『東海道中膝栗《とうかいどうちゅうひざくり》毛《げ》』が大ヒットすると庶民の旅行熱は上がり、いつしか富士参詣や、さらに遠方の伊勢参りへ行くことが人々の憧れに。そこで、庶民は「講《こう》」と呼ばれる集団参詣の制度を利用することで、長距離旅行に行くチャンスを得たのです。

大山詣り

庶民でも比較的気軽に行くことができた「大山詣り」。100万人都市だった江戸からの参詣者は年間20万人に上ったのだとか。その人気の秘密は？

目指すは大山《おおやま》阿《あ》夫《ふ》利《り》神社《じんじゃ》

古来より雨乞いや五穀豊穣、商売繁盛の御利益があるとされ信仰を集めました。江戸の中心部からは直線距離で55キロほどの場所に位置しています。

参詣と行楽を兼ねた旅

主な移動手段は徒歩。大山道《おおやまみち》と呼ばれる、大山への参詣ルートが関東全域に存在していました。帰り道に江の島での行楽を兼ねたことも、人気の理由のひとつ。

持ち物は太刀!?

大山詣りを特に支持したのは鳶《とび》職などの職人たち。かつて源頼朝《みなもとのよりとも》が武運長久祈願で刀を奉納したことから、職人たちも巨大な木太刀を担いで大山に奉納しました。

■大山詣り名物

旅にグルメは付き物。旅人たちは宿坊に着くと、大山名物の豆腐料理を楽しみました。また、お土産には金回りがよくなるという縁起物の大山こまが人気に。

富士山に参詣する「富士講」

江戸からも霊峰・富士山を眺めることができました。

山岳信仰の旅

古くから信仰の対象とされてきた富士山への参詣登山も大流行しました。しかし、江戸から富士山への道のりは長く、往復で8日間も要したというのでそう簡単には行けません。そこで、多くの人々は「講《こう》」と呼ばれる組織をつくり、組員みんなでお金を積み立て、くじ引きで決められた代表者がそのお金で参詣する方式をとりました。参詣に行けない組員は代表者に祈願を託し、代表者はそれを背負い富士登山に向かったのです。こうした「富士講《ふじこう》」は「江戸八百八講、講中八万人」といわれるほど江戸っ子の間に広まっていきました。

一方で、当時の富士山は女性の入山が禁じられていたり、登山自体が険しいものだったりしたため、限られた人しか参詣できませんでした。

富士講道中

仲間の思いを背負い、江戸からはるばる歩いた富士講の一行。
一体どのような気持ちで富士山頂からの景色を眺めたのでしょうか。

山頂までの道のり

江戸を出て甲州街道を進み、現在の山梨県東部にあたる大月《おおつき》宿を目指します。ここから道を折れて富士山麓の吉田へ入ります。ここまでで片道3日ほど。さらに山頂までを1日かけて登りました。

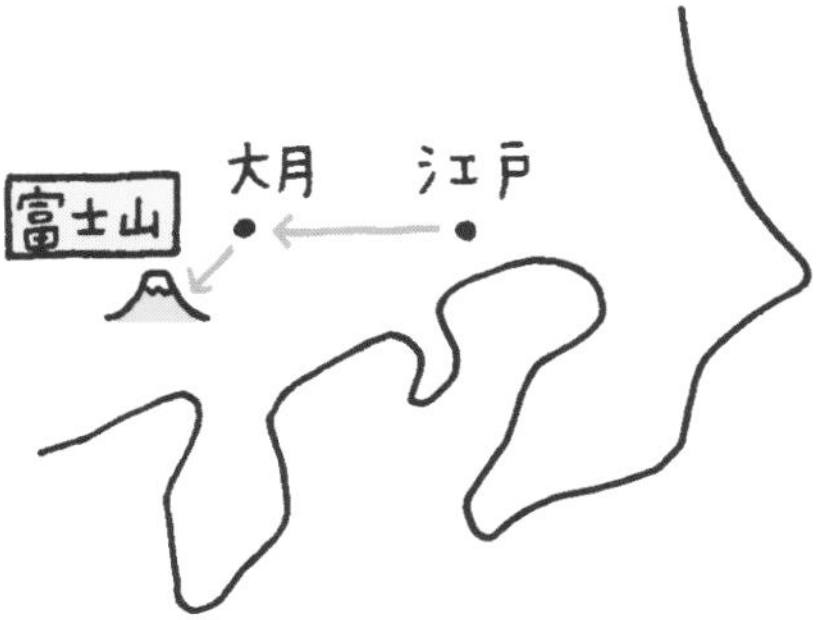

衣装は白装束で

富士講に参加する人々は、富士登山の際には神事に用いられる白装束を着用しました。道中を楽しみつつも、あくまで信仰の旅であることがうかがえます。

■江戸にも富士山があった？

限られた人しか参詣できなかった富士山。そこでつくられたのが「富士塚《ふじづか》」と呼ばれる富士山を模した塚でした。これには洞窟や山頂の奥宮《おくみや》なども再現され、山開きの日にここで儀式を行うと富士参詣と同じ御利益があるとされました。江戸市内に多数つくられた富士塚は、現在も残されています。

一度は行きたい「伊勢参り」

全国から多くの参詣者が集まった伊勢神宮。

一生に一度は伊勢神宮へ

旅行先としてもっとも人気が高かったのが伊勢神宮に参詣する「伊勢参り」でした。伊勢神宮は全国の神社の中心的な存在とされ、内宮《ないくう》に天照大御神《あまてらすおおみかみ》を、外宮《げくう》に豊受大御神《とようけのおおみかみ》をまつっています。江戸からは長距離の旅となるため、ここでも「伊《い》勢《せ》講《こう》」がつくられ、代表者が参詣の旅に出ました。それでも江戸の人々は「一生に一度は」と伊勢参りへの憧れを持っていました。

このブームを巻き起こしたきっかけのひとつが『東海道中膝栗毛』であり、作中では弥次郎兵衛と喜多八が失敗やいたずらを繰り返しながら伊勢参詣を目標に、東海道を西へと進んでいきます。そして、この弥次郎兵衛と喜多八の旅程をなぞるように旅したある農民の記録が残されていました。

田中国三郎の伊勢参詣

江戸時代、とある農民・国三郎《くにさぶろう》は3か月にも及ぶ伊勢参詣の旅に出ます。
その旅程では『東海道中膝栗毛』と同様にたくさんの観光地も巡りました。

国三郎は村人から餞別金1両2朱と銭5貫600文（現在の16万円以上）という大金を受け取り、そのお金を持って江戸郊外の農村を出発。

江戸を抜けて東海道を進む国三郎は、六《ろく》郷《ごう》の渡しを渡り、河崎宿《かわさきじゅく》で昼食。さらに進み戸塚宿《とつかじゅく》で1泊し、その後も宿泊しつつひたすら西へと進みます。

ついに伊勢神宮へ到着。各宮への参詣を済ませ、ゆっくりと見物を楽しみます。伊勢を後にすると、奈良・大坂を経由して金《こん》毘《ぴ》羅《ら》宮《ぐう》（現在の香川県）に参詣。

さらに宮島（広島県）に寄り、ふたたび大坂、京都、中山道《なかせんどう》を経由して帰路につきますが、その道中も数多くの名所に立ち寄って観光を楽しみました。

【マメ知識】
最終的な旅の費用は金5両2分あまり（現在の約36万円）でした。

おわりに

歴史を学ぶ面白さのひとつに、土地の背景や地名の由来を知ることがあります。

例えば、現在の皇居があるのは、江戸城本丸があった場所。さらに、日本橋には江戸一の賑わいを見せた魚河岸があり、浅草寺本堂の北西一帯では水茶屋で参拝者が一息つき、見世物を楽しむ姿がありました。町歩きをするときに、その場所に昔の名残を見つけると思わず胸が高鳴ります。これは、本書をつくって得た大きな収穫といえるでしょう。

さらに劇的に変わったのは時代劇を見るときの視点です。大河ドラマなどに登場する江戸の町並みや庶民のやりとりのワンシーンに、今まで見過ごしていた細部が浮かび上がり、より世界観に入り込めるようになりました。これを機に、できれば歌舞伎鑑賞や伊勢参りにも行ってみたい……。そこにはきっと、江戸の暮らしを学んだからこそわかる新しい発見があることでしょう。

本書に描かれた江戸時代の人々の丁寧でユーモア溢れる暮らしや文化から、現代を生きる皆さんに「日々を楽しむヒント」を見つけてもらえたら幸いです。

『イラストでよくわかる　江戸時代の本』制作班

■主要参考文献

【書籍】

『実は科学的!? 江戸時代の生活百景』西田知己（東京堂出版）

『江戸の食文化【和食の発展とその背景】』原田信男編（小学館）

『面白くてよくわかる 新版 江戸の暮らし』山本博文監修（日本文芸社）

『【絵解き】江戸の暮らし』永井義男（学研プラス）

『考証「江戸町奉行」の世界』稲垣史生（新人物往来社）

『江戸のひみつ 町と暮らしがわかる本 江戸っ子の生活超入門』江戸歴史研究会著（メイツ出版）

『江戸の人々の暮らし大全』柴田謙介と歴史の謎を探る会（河出書房新社）

『ＮＨＫスペシャル 大江戸 大江戸知らないことばかり 水と商と大火の都』ＮＨＫスペシャル「大江戸」制作班編（ＮＨＫ出版）

『歴史旅人 Vol.6 江戸の暮らし 完全ガイド』（晋遊舎）

『歴史REAL 大江戸くらし図鑑』（洋泉社）

『カラー版 徹底図解 江戸時代』新星出版社編集部（新星出版社）

『化粧文化 PLUS Volume10 日本髪』ポーラ文化研究所（ポーラ・オルビスホールディングスポーラ文化研究所）

『資料館ノート 第50号 長屋のくらしと道具⑥ 化粧』（江東区深川江戸資料館） ほか

【Webサイト】

東京大学総合研究博物館データベース 展示図録「東京大学コレクションⅨ ニュースの誕生 かわら版と新聞錦絵の情報世界」

国立歴史民俗博物館公式サイト

日本銀行金融研究所貨幣博物館公式サイト

独立行政法人日本芸術文化振興会 文化デジタルライブラリー

くもん子ども浮世絵ミュージアム

日本遺産ポータルサイト

大山阿夫利神社公式サイト

e-Stat「小売物価統計調査／小売物価統計調査（動向編）」

情報・知識&オピニオン imidas ほか

編者略歴
◎ミニマル
「食」「カルチャー」から「マナー」「教育」まで、さまざまなテーマのコンテンツ制作を行っている編集プロダクション。丸茂アンテナ、萩原あとり、森美和子、瀧澤麻里絵が編集・執筆を担当。

◎ BLOCKBUSTER（ブロックバスター）
デザイナー、イラストレーター、ライター、フォトグラファーなどで構成されたクリエイターチーム。書籍や雑誌記事、ウェブコンテンツの制作を手がけている。後藤亮平がイラストを担当。

イラストでよくわかる　江戸時代の本

2020年9月23日　第1刷

編　　著	ミニマル＋BLOCKBUSTER
発 行 人	山田有司
発 行 所	株式会社　彩図社 東京都豊島区南大塚 3-24-4 ＭＴビル　〒170-0005 TEL：03-5985-8213　FAX：03-5985-8224
印 刷 所	シナノ印刷株式会社
カバーデザイン	小澤尚美（NO DESIGN）

URL https://www.saiz.co.jp　Twitter https://twitter.com/saiz_sha

ISBN978-4-8013-0471-0 C0021
落丁・乱丁本は小社宛にお送りください。送料小社負担にて、お取り替えいたします。
定価はカバーに表示してあります。